AF423693

9 789778 825299

مراهقة آمنة

* الكتاب: مراهقة آمنة

* الكاتبة: د. هايدي إيهاب إدوارد

* تصميم الغلاف: يمنى فرح

تدقيق لغوي: قسم التحرير بمنتدى الأدب الحر

* إخراج داخلي: قسم الإخراج بمنتدى الأدب

* رقم الإيداع: 2024\25422

* الترقيم الدولي: 978-977-8825-29-9

صدر بالتعاون بين
دار مشكاة للطبع والنشر والتوزيع
ودار منتدى الأدب الحر للنشر والتوزيع

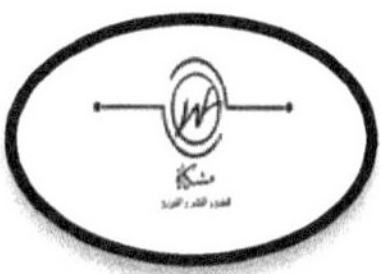

مراهقة آمنة

د. هايدي إيهاب

المقدمة

سيكولوجية المراهقة

المراهقة هي الفترة التي تلي الطفولة وتقع بين البلوغ الجنسي وسن الراشد وتمثل فترة حرجة في حياة كل فرد ويتراوح مدى فترة المراهقة بين الطول والقصر حسب نوعية الأسرة ومستواها الاجتماعي الاقتصادي الثقافي، وفي فترة المراهقة يعتري الفتى أو الفتاة تغيرات أساسية واضطرابات شديدة في جميع جوانب نموه الجسمي والعقلي والاجتماعي والانفعالي، وينتج عن هذه التغيرات والاضطرابات مشكلات كثيرة متعددة تحتاج إلى توجيه وإرشاد من الأبوين والمحيطين.

ومرحلة المراهقة مرحلة ذات طبيعة بيولوجية واجتماعية تتميز بدايتها بحدوث تغيرات بيولوجية. عند البنات والأولاد، وتسبق مرحلة

البلوغ طفرة في النمو، وتحدث هذه الطفرة عند البنات فيما بين ٩ / ١٢ سنة، وعند الأولاد فيما بين ١١ / ١٤ سنة تقريباً.

ويمثل البلوغ تغيرات وتقلبات فسيولوجية عنيفة تصحبها تغيرات ثانوية تشمل مختلف أعضاء الجسم، فتنمو على نحو يخلو في بادئ الأمر من التناسق والتوازن والتغيرات الفسيولوجية العنيفة والتغير السريع في ملامح الوجه وفي أبعاد الجسم ونبرات الصوت، والزيادة في الطول وتتبعها الزيادة في الوزن، وتظهر الخصائص الجنسية الثانوية خلال هذه الفترة أو بعدها مباشرة، ويبدأ ظهور الخصائص عند البنات.

وعلى الرغم من أننا نفتقد تحديداً دقيقاً لنوعية هذه التأثيرات ومداها إلا أنه يعتقد أن الغذاء الجيد والصحة يمكن أن تؤثر في هذه الناحية.

ويشمل مصطلح المراهقة مظهرين من مظاهر النمو وهما النمو

الفسيولوجي والنمو الجسمي، والنمو الفسيولوجي هو نمو الأجهزة الداخلية مثل النمو في الغدد الجنسية وفي المميزات الجنسية الثانوية، أما النمو الجسم فهو عبارة عن الطول والوزن والعرض وتعبيرات الوجه.

وأول مظاهر النمو الفسيولوجي في المراهقة هي ظاهرة النضج الجنسي، ويختلف النضج الجنسي في الإناث عنه في الذكور.

ويعد النضج الجنسي هو خطوة نحو اكتمال شخصية الفرد، وتؤثر التغيرات الفسيولوجية والجسمية على النمو السيكولوجي والاجتماعي الانفعالي والعقلي ورغبة المراهقين في تكوين علاقات اجتماعية.

وفيما يتعلق بالزيادة النسبية بين طول البنين وطول البنات فنلاحظ أن زيادة الطول عند البنات تفوق نسبة زيادة الطول عند البنين حتىٰ سن الحادية عشرة، وفي الثانية عشرة يتساويان، ثم تأخذ هذه النسبة في الزيادة لدىٰ البنين تتناقص لدىٰ البنات.

وتتميز مرحلة المراهقة عن الطفولة والرشد بمظاهر جسمية وعقلية وانفعالية واجتماعية وأثر هذه المظاهر الجسمية الداخلية والخارجية علىٰ تكوين شخصية المراهق وعلىٰ توافقه الشخصي والاجتماعي.

وتتضمن مظاهر النمو الجسمي النمو العددي الوظيفي ونمو الأعضاء الداخلية ووظائفها المختلفة ونمو الجهاز الهضمي والقوة العضلية وأثر هذه النواحي علىٰ النمو بالنسبة للطول والوزن ويقاس

بدء البلوغ لدى الفتى بظهور بعض الصفات الجنسية الثانوية كأتساع الفم وتصلب الأسنان، وكبر حجم الأنف، وعرض الجبهة، وظهور شعر الشارب واللحية، وزيادة إفرازات الغدد العرقية، وتتميز برائحة غريبة في المراهقة، ويتصبب عرقًا لأقل مجهود يقوم به، وهذا يسبب له الخجل.

وتعتبر مرحلة المراهقة من أهم المراحل التي يمر بها الإنسان، هذا إلى جانب التغيرات التي تغذيه مما يكون لها مطالب وحاجات يتطلع المراهق إلى تحقيقها، وقد يعترض إشباع هذه الحاجات والرغبات والمطالب بعض الضغوط الأسرية والعادات والتقاليد والمعايير الاجتماعية، وقد ينتج عن هذا بعض المشكلات والاضطرابات النفسية للمراهق، وكنتيجة للنمو الجسمي السريع للفتى والفتاة ويصاحب هذه

التغيرات ظهور بعض الاهتمامات الشخصية؛ فيهتم المراهق بتصفيف شعره والوقوف أمام المرآة مدة طويلة، ويعتني باختيار ملابسه والحرص على مسايره الطرازات الحديثة، والاهتمام باختيار الألوان المنسقة لكي يظهر في أبهى صورة ممكنة أمام الجنس الآخر.

ويمكن اعتبار أن المشكلات التي يواجهها المراهقون خلال هذه الفترة لها جذور بيولوجية واجتماعية، فقد يترتب على التغيرات الجسمية ظهور نوع معين من المشكلات يتحتم على المراهق مواجهتها والتعايش معها، كما أن المجتمع بما يسود فيه من معايير أو عادات وتقاليد اجتماعية قد يسهم في خلق مشكلات يتعرض لها المراهقون مع ملاحظة أن المستوى الاقتصادي والاجتماعي الذي

والصراعات نتيجة للعوامل البيئية والثقافية والضغوط الأسرية والأزمات التي يواجهها في الأسرة والمجتمع.

ولهذا تعد مرحلة المراهقة مرحلة حرجة في حياة المراهق نظراً لما يواكب هذه المرحلة من بزوغ بعض الحاجات النفسية الأساسية للمراهق من حاجة للاستقلال وحاجة لتأكيد الذات وتحقيق الذات، وإشباع هذه الحاجات قد تقابل بالرفض في بعض الأحيان، لأن تحقيقها يخضع للقيم والمعايير الاجتماعية، مما يؤدي بالمراهقين إلىٰ بعض الصراعات النفسية.

وتنقسم مرحلة المراهقة بتغيرات في المظاهر الجسمية والجنسية والفسيولوجية والعقلية والانفعالية والاجتماعية التي تميز هذه الفترة

بصورة واضحة، وأهم مظاهر النمو في مرحلة المراهقة وسوف نتناول

دراسة هذا في الفصل الأول.

الفصل الأول
(مظاهر النمو للمراهق)

أولاً: النمو الجسمي الفسيولوجي.

ثانيًا: النمو الانفعالي.

ثالثًا: النمو العقلي.

رابعًا: النمو الاجتماعي

أولاً: النمو الجسمي الفسيولوجي

تعد أهم مظاهر النمو الفسيولوجي في المراهقة ظاهرة النضج الجنسي حيث يختلف النضج الجنسي في الإناث عنه لدى الذكور، وتبدو مظاهر النمو الجسمي في النمو العددي الوظيفي، ونمو الجهاز العظمي والقوة العضلية وأثر هذه الجوانب على النمو في الطول والوزن، وتضمر الغدة الصنوبرية والغدة التيموثية في المرهقة لنشاط الغدد الجنسية، ويؤثر هرمون الغدة النخامية على النمو العظمي خلال المراهقة حتى تؤثر على هرمونات الغدة الدرقية بالنضج الجنسي؛ فتزداد في بدء المراهقة ثم تقل عند نهايتها.

وغدة الجنس عند الأنثى هي المبيضان، ووظيفتها إفراز البويضات، ويظهر الطمث عند الفتيات نتيجة لانفجار البويضة

الناضجة في المبيض وانفصال الغشاء الرحمي يبدأ الحيض عند الفتيات ويصاحب النضج الجنسي عند البنات ظهور المميزات الجنسية الثانوية لدئ الفتاة واستدارة المنطقة التي تعلو الفخذ وبروز الثديين وكبر الأرداف، ويختزن الدهن في الأرداف وفي الاستداريات، وينمو الشعر فوق العانة وتحت الإبط، كما تنمو الأعضاء التناسلية المناسبة، وهي لذلك تخجل أثناء لعبها، وتعمل جاهدة علىٰ التقليل من الطعام وخاصة النشويات والدهنيات بقصد التقليل من وزنها، ومن الأسباب التي تدعو الفتاة للخجل والضيق ظهور بعض الشعيرات علىٰ الشفة العليا والذقن، والساقين، وأيضًا ما يطرأ علىٰ أنفها من كبر وعلىٰ يديها وقدميها من تضخم كل ذلك يبعدها عن استعمال الأيدي خاصة في العمل اليدوي المدرسي.

وبالنسبة للخصائص الجنسية بالنسبة للمراهق فتعد الغده التناسلية الأساسية هي الخصية، وتتكون من عدد من الأنابيب المنوية يحيط بكل منها غشاء ليفي وتفرز الخصيتان الحيوانات المنوية والهرمونات الجنسية وتمتزج الحيوانات المنوية بالسائل المنوي الذي تفرزه البروستاتا وحجمه في المتوسط يتراوح بين ٤:٢ سم مكعب وهو سائل لزج ويحتوي علىٰ ٣ مليون حيوان منوي، وهذا العدد يقل مع تكرار عملية القذف في فترات متقاربة.

ومن الخصائص الثانوية لدئ المراهق ظهور الشعر علىٰ الذقن وفوق الشفة العليا وتحت الإبط وفوق العانة، ويسبب تضخم صوت المراهق مضايقات تجعله يخجل من القراءة الجهرية في حجرة الدراسة، والنشاط الجنسي وإن كان يبدو واضحًا في هذه المرحلة،

وتبدأ إفرازات الجهاز التناسلي إلا أن هذا النشاط لا يعدو أن يكون نقطة انطلاق نحو نضج شخصية المراهق بكاملها.

والعلامة التي يستدل بها على نضج الجهاز التناسلي عند الفتاة وبدء عمله وقيامه بوظيفته هو ظهور الحيض لأول مرة، والاحتلام عند الفتى، وتظهر هذه العلامات فيما بين سن الحادية عشر والخامسة عشرة للبنات والثالثة عشرة والسادسة عشرة للبنين.

وتبدو التغيرات التي تطرأ على حجم الجسم، من حيث زيادة في الطول وزيادة مفاجئة في الوزن وطول الذارعين والساقين واتساع الكتفين والقدمين وتضخم بعض أجزاء الجسم الأخرى واضحة في مرحلة المراهقة.

تنتمي إليه الأسرة ومدىٰ حظها من مكونات الثقافة وممارستها يمكن أن يكون له دور في هذه الناحية.

وتعد المراهقة فترة حاسمة وحرجة في حياة الفرد؛ حيث يصفها "ستانلي هول" بأنها فترة عواصف ومشكلات وتوتر وشدة نظراً لما تتصف به هذه المرحلة من تغييرات واضحة في جميع مظاهر النمو الجسمي والجنسي والفسيولوجي والانفعالي والعقلي والاجتماعي للمراهق، وأثر هذه التغيرات علىٰ تكوين شخصيته ومدىٰ تكيفه للبيئة.

ومن الصعب تحديد أياً من المظاهر هو سبب المراهقة، إنما مرحلة المراهقة مرحلة تغير ونمو في كل هذه المظاهر النمائية المختلفة، وكلها تمثل الأبعاد الحقيقة الظاهرة، المراهقة النفسية، وتشير البحوث والدراسات إلىٰ أن المراهق يتعرض للمشكلات والإحباطات

وفيما يتعلق بالزيادة النسبية بين طول البنين وطول البنات فإننا نلاحظ زيادة الطول عند البنات تفوق نسبة زيادة الطول عند البنين حتىٰ سن الحادية عشرة، وفي الثانية عشرة يتساويان ثم تأخذ هذه النسبة في الزيادة لدىٰ البنين، بينما تتناقص بشكل واضح عند البنات، وتصل البنات إلىٰ أقصىٰ نمو لهن في الطول في سن لا يتجاوز الخامسة عشر، بينما يصل البنين إلىٰ أقصىٰ مراحل نمو في سن السادسة عشرة.

وتكاد تتشابه التغيرات النمائية السريعة في نسب الجسم والغدد التناسلية لدىٰ البنين والبنات، وتشير بعض البحوث والدراسات إلىٰ أن التغيرات الجسمية في فترات المراهقة ترجع عادة إلىٰ الهرمونات التي تفرزها الغدد، مما يؤدي إلىٰ وجود اختلافات فيما يتعلق بسعة هذا النمو وبدايته لدىٰ كل من الجنسين.

ويؤثر نشاط الغدد علىٰ جميع مظاهر النمو الأخرىٰ وخاصة المظاهر الجنسية الثانوية، وتتزايد إفرازات الغدد العرقية وتتسم برائحة غريبة مما يجعل المراهق يخجل من هذه الرائحة وخاصة حين يقوم بمجهود بسيط ويتصبب عرقًا.

وتتضح آثار الجهاز الدوري في نمو القلب والشرايين، ويبدأ مظاهر هذا النمو في المراهقة بزيادة سريعة في القلب تفوق في جوهرها سمة وحجم وقوة الشرايين، وتبلغ سعة مصب القلب إلىٰ سعه الشرايين ٥ : ٤ ثم تتطور في فجر المراهقة إلىٰ ٥ : ١ ويزداد بذلك ضغط الدم من ٨٠ ملليمتر في سن ٦ سنوات إلىٰ ١٢٠ ملليمتر عند البنات في فجر المراهقة، ثم تنقص حتىٰ تصل إلىٰ ١٥٠ ملليمتراً في سن ١٩ سنة، ويرتفع الضغط عند البنين ويصل إلىٰ ١٢٠ ملليمتر في بداية المراهقة،

ثم يصل إلى ١١٥ ملليمتر في سن ١٨٥/١ سنة، ويؤثر هذا الضغط على الفتي والفتاة ويتضح آثاره في الإغماء والصداع والتوتر والقلق، ومن الأفضل في هذه الحالة عدم مطالبة المراهق ببعض الأعمال الشاقة التي تؤثر على حالته البدنية والجسمية.

وتنمو المعدة وتزداد سعتها خلال فترة المراهقة، مما يكون له انعكاسه في رغبة المراهق الملحة في الإقبال على تناول الأطعمة المختلفة وبكميات كبيرة.

وبالنسبة للطول فنجد أن النمو الطولي يرتبط ارتباطًا قويًا بنمو الجهاز العظمي، ويقترب النمو العظمي للفتى من نمو الفتاة في سن ١٤/١ سنة، ثم يسبقها بعد ذلك، ويتزايد النمو العظمي الطولي خلال المراهقة وتبلغ سرعته أقصاها عند البنين فيما بين ١٣/١٥ – ١٤/١٥ سنة، وعند

البنات فيما بين ١٠أ٥ – ١٤ سنة، وتتضح سرعة النمو في الذراعين قبل الرجلين ويتضح النمو في الوزن عند البنات فيما بين ١١أ٥ – ١٤أ٥ سنة، وتنتهي عند سن ١٦ سنة وتستمر هادئة عند الرشد.

وبالنسبة للنمو العضلي فيتأخر النمو العضلي في بعض جوانبه عن النمو العظمي الطولي، لذلك يشعر المراهق بآلام النمو الجسمي لتوتر العضلات المتصلة بالعظام النامية، ويتفوق البنين على البنات في القوة العضلية.

يجب إعداد المراهق الإعداد النفسي والتربوي السليم كي يتقبل التغيرات الجسمية والفسيولوجية وفهم مظاهر النمو الجسمي والفسيولوجي بطرق علمية سليمة تجنبه مظاهر القلق والتوتر، مع

العناية بتجنب القيام ببعض الأعمال الشاقة وعدم الإفراط في السهر والتمتع بالنوم والغذاء الصحي.

ويمكن القول إن النمو الجسمي في فترة المراهقة يسير وفق المعايير والقوانين من حيث النمو الطولي والعرضي والتتابع والاستمرار، ولكن يتصف النمو بالسرعة والزيادة، وخاصة بالنسبة للنمو الجسمي في الفترة من ١٢ – ١٨ تقريبًا، ويعتبر الاهتمام بدراسة النمو الجسمي والتغيرات التي تحدد معالم هذه الفترة الحاسمة في حياة المراهق هام وضروري لدراسة أهم الآثار النفسية والاجتماعية حتى يستطيع المراهق أن يتقبل نفسه ويوجه طاقاته نحو العالم الخارجي في تحقيق مطالب هذه المرحلة.

إن الخصائص الجنسية الأولية والثانوية يعتبر ظهورهما من أهم معالم فترة المراهقة، وتعد بداية فترة النمو السريع المتزايد المطرد، وتسبب هذه الزيادة المفاجئة والسريعة في النمو تغيرات في الجانب الاجتماعي والنفسي، فتزداد درجة حساسية المراهق، وتتغير اتجاهاته ويتأثر سلوكه ويصبح كثير الخوف والشك والقلق، ويتدخل في أمور الأسرة، ويثور على بعض العادات والتقاليد داخل الأسرة والمجتمع، ويحاول البعد عن الأسرة والمنزل، ولا يرغب في صحبة الأهل ويحاول إقامة علاقات اجتماعية جديدة، وتنحصر هذه العلاقات في مجموعة في الأقران من مثل سنه، ويميل للخروج معهم والسهر خارج المنزل بصحبتهم، وفي هذا يخرج المراهق عن بعض الضوابط داخل

الأسرة من حيث النظام والطاعة ويحاول أن يثبت للجميع أنه أصبح رجلاً يستحق الثقة والاحترام داخل الأسرة.

وقد يصبح التكيف بين الجنسين صعبًا في بداية المرحلة ولكن يشعر كل منهما بحاجاته للآخر، فتلجأ المراهقة إلىٰ تكوين علاقات إيجابية مع تلاميذ المرحلة الثانوية، وبالتدريج يزداد اهتمام كل من الجنسين بالآخر عندما يقترب من النضج الجنسي، ويتعدىٰ هذا إلىٰ محاولات جذب انتباه الجنس الآخر وتكوين العلاقات بينهم، ولهذا تتجه المراهقة إلىٰ مسايرة الموضة الحديثة وارتداء كل ما هو جديد وملفت، وتهتم بتصفيف شعرها بطريقة جذابة وملفتة وتحاول تقليد بعض نجوم السينما، ويعتبر هذا الاهتمام نتيجة طبيعية وضرورية للنضج العاطفي والاستقلال النفسي والاجتماعي، ولكن قد تؤدي

التقاليد في بعض الأحيان إلىٰ وجود بعض العراقيل والحواجز لعرقلة النضج الاجتماعي والنفسي أو تعطيل الاستقلال المادي والانفعالي الذي ينشده المراهق خلال هذه المرحلة.

وقد يؤدي النمو الجسمي السريع إلىٰ ظهور مشاكل اجتماعية ونفسية تختلف بالنسبة للجنسين مما يؤثر علىٰ التوافق الشخصي والاجتماعي، وتؤدي بالبعض إلىٰ الحساسية والانطواء والشعور بالنقص في بعض الأحيان، ويمكن أن يرجع كل هذا إلىٰ نوع التربية التي يتلقاها الأبناء في حياتهم المبكرة حيث لا يتيح لهم الاشتراك في القيام ببعض الأمور الخاصة بحياتهم وتحمل بعض المسئوليات بالقدر المناسب، وبما يتناسب مع مستوىٰ نموهم، لذا يجب علىٰ الآباء والمربين إعداد المراهقين للنضج الجسمي والجنسي التي تطرأ في هذه

المرحلة، وإعداد البرامج التربوية اللازمة التي تفيد في هذا المجال، واكتساب الطلاب العادات الجسمية والصحية السليمة من حيث الاهتمام بالصحة والتغذية أو العادات الخاصة بالنوم والراحة والنظافة والحرص على ممارسة بعض التمرينات الرياضية التي تساعد المراهق على النمو الجسمي والنفسي السليم.

ويجب تهيئة الجو النفسي المناسب لتقبل التغيرات الجسمية السريعة على أنه مظهر طبيعي لنموه عن طريق المناقشة الموضوعية وإتاحة الفرصة للمراهق في تقرير بعض الأمور الخاصة بحياته، والعمل على تنمية تقدير المسئولية.

ومن المشكلات التي يتعرض لها المراهق في هذه الفترة ظهور حب الشباب، مما يؤدي إلى تشويه منظر الوجه، ويزداد حساسية

المراهق مما يسبب له القلق في هذه الفترة واستخدام الكثير من الأدوية والتخبط في طرق العلاج للتخلص منه وكثرة التردد على المرأة لملاحظة تأثيره على الوجه، ومقارنة أنفسهم بأقرانهم والشعور بالتعاسة، وقد يؤدي القلق في هذه المرحلة إلى زيادة الحالة سوءاً واضطراب الفرد.

إن ظهور حب الشباب في هذه المرحلة يرتبط بالتغيرات الفسيولوجية التي تطرأ على الجسم وتؤثر على جميع أجهزته وتؤثر على الغدد المختلفة وخاصة الغدد الدهنية والعرقية، فيزداد إفراز هذه الغدد وتؤدي زيادة إفرازها إلى سد المسام فلا يستطيع التخلص من العرق بدرجة كافية ويساعد على ظهور هذه الحبوب عدم العناية بالوجه غسله مما يهيأ الفرصة لتلوث المسام المسدودة، ومما يساعد

على انتشار هذه الحبوب وتكاثرها تناول الأغذية النشوية والدهنية التي تساعد علىٰ زيادة إفراز الغدد الدهنية والعرقية المسئولة عن هذه الحالة، مما يثير القلق والانزعاج وعدم الاطمئنان، وهذا بدوره يؤثر علىٰ الجانب الانفعالي للمراهق.

وكلما كان الانسجام بين الطول والوزن متوافراً كان شخصية المراهق الجسمية مقبولة إلىٰ حد كبير مما يجعله يكون فكرة عن ذاته الجسمية الجديدة، ففي الأحيان يتعذر علىٰ الفرد أن يتكيف ويتوافق مع جسمه الجديد، أو فكرته عن ذاته الجسمية الجديدة.

واهتمام المراهق بذاته الجسمية من أهم مميزات المراهق السوي لأن هذا الاهتمام يترتب عليه الميل للجنس الآخر أو السعي إلىٰ طرق سلوكية غير سوية لجذب انتباه الجنس الآخر في بعض الأحيان، ولذلك

يجب على الوالدين والمدرسين إعطاء فكرة للمراهق عن الذات الجسمية، وتقبل هذه الذات، ومساعدة المراهق على تقبل ذاته لأن أي مظهر للانحراف عن السوء في النمو الجسمي للمراهق يعتبر تجربة قاسية، خاصة إذا سبب له عيبًا يجعله عرضة للسخرية والاستهزاء، مما يؤثر على سلوكه الاجتماعي ومستوى توافقه العام.

ثانياً: النمو الانفعالي

تتميز مرحلة المراهقة بالتغيرات الانفعالية العديدة السريعة التي تطرأ على المراهق، وأغلب هذه الانفعالات من النوع الحاد العنيف، أي تتميز فترة المراهقة بحدة الانفعالات إذا نجد المراهق في هذه الفترة يثور لأتفه الأسباب ويرجع ذلك إلى النمو الجسمي والجنسي السريع في هذه المرحلة وتتميز انفعالات المراهق في بداية هذه المرحلة بالعنف والشدة والغضب والبكاء وعدم الاتزان الانفعالي، وتتأثر الانفعالات المراهق بالقدرات العقلية المعرفية للعلاقات بين الجنسين والعلاقات داخل الأسرة ومعايير الجماعة الشعور الديني وبعض القيم والمعايير والضغوط الأسرية والنمط الثقافي السائد في المجتمع.

كما تتأثر انفعالات المراهق بالنمو العضلي الداخلي ونشاط الغدد التناسلية وضمور الغدة الصنوبرية والغدة التيموسية، كما تتأثر انفعالات المراهق أيضًا بالتغيرات الخارجية ومنها التغيرات الجسمية السريعة وخاصة في الطول والوزن ويمكن أن يتأثر النمو الانفعالي للمراهق بالمخاوف التي واكبت فترة الطفولة وتظهر آثارها في المراهقة، ويشعر المراهق أنه أصبح كبيرا ولا يصح أن يعُامل على أنه طفل بالرغم من أنه مازال يعتمد على والديه وخاصة في الجانب المادي حيث أن التغيرات الغددية والبيوكيميائية التي تعترى المراهقين والتي يصاحبها طاقة بدنية وعقلية وعدوانية زائدة غالبا ما تؤدي إلى الصراعات النفسية مما يؤثر بدوره على الجانب الانفعالي للمراهق.

وغالبًا ما تؤدي الحاجة إلىٰ تحقيق الذات وتأكيد الذات التمرد على بعض القواعد والمعايير السلوكية والقيم والأنماط الاجتماعية داخل الأسرة والخروج علىٰ القواعد السلوكية التي يفرضها الوالدين وينزلقون في بعض الأعمال الطفولية التي يتوهمون أنها تحقق ذواتهم وتؤكد استقلالهم الاقتصادي والنفسي مما يكون له أثره في هذه الصراعات النفسية وعدم التوافق الشخصي والانفعالي وتوتر العلاقات داخل الأسرة، وبالضرورة يكون لها آثارا سيئة علىٰ التوافق الانفعالي، وتؤدي مخاوف المراهقين المرتبطة بتأنيب الذات، والشعور بالنقص وعدم القدرة علىٰ مواجهة المشكلات الجنسية والاقتصادية والدراسية والدينية إلىٰ اضطراب الجانب الانفعالي

للمراهق وعدم الثقة بالنفس مما يكون له أثره على العلاقات التي تربطه بأفراد الأسرة وسوء التوافق الانفعالي.

ويعد الإفراط في التدخين من المشكلات الخطيرة في فترة المراهقة التي تتطلب التصدي لها من الإخصائيين والمرشدين النفسيين، أيضًا الاهتمام والتفهم الأبوي ومنح المراهق الحب والعطف والشعور بالأمن النفسي قد يكون لها أبلغ الأثر في علاج بعض الحالات، حيث يعد التدخين بداية لمشكلات انفعالية لها صداها في المحيط الأسرى للمراهق وبالضرورة يتولد عنها بعض المشكلات الخاصة بضعف المستوى الأكاديمي والشعور بالذنب وافتقاد الاحترام، وعدم الشعور بتقدير الذات او الشعور بالمكانة داخل الأسرة.

وتعد انفعالات المراهق في فترة المراهقة ليست موجهة لشيء محدد كالأب أو الأم أو الأخوة، وإن ارتبطت وقت حدوثها ببعض الأسباب، وإنما هي ترجع إلىٰ طبيعة المرحلة التي يمر بها والمشاكل والإحباطات التي تواجهه وأنواع الصراع التي يتعرض لها ولا يستطيع أن يتصرف حيالها، ويجد في أي طلب يرفضه الآب منعًا لما يجول بداخله فينطلق مندفعا ثائراً ضد مصدر الإحباط هذا، بالرغم من أن الموقف لا يستحق هذه الثورة العارمة، وإذا تفهم أعضاء الأسرة طبيعة هذه المرحلة بجميع مظاهرها النمائية فهما ناضجًا صحيحًا؛ فيمكن أن يدركوا بأن مساعدته هو السبيل الوحيد لتوافقه الشخصي والاجتماعي.

ومن الأمور الهامة التي تعرقل النمو الانفعالي للمراهق هو الدافع الجنسي الذي يظهر بشدة في هذه المرحلة؛ حيث يعتبر أحد هذه التغيرات التي تسبب للمراهق قلقًا شديداً في سبيل تفهمه للأمور الجنسية ورغبته في إشباع هذا الدافع وما يواجهه من معارضة شديدة نظرا لقيم المجتمع وتقاليده مما يزيد المشكلة تعقيداً ويسبب للمراهق بعض الصراعات النفسية وإلىٰ اتباع الأساليب غير السليمة مثل ممارسة العادة السرية وغيرها من طرق أخرىٰ، مما يزيد قلق المراهق وشعوره بالذنب ويؤثر علىٰ توافقه ومستوىٰ صحته النفسية بوجه عام.

والدافع الجنسي دافع مثل الدوافع الأولية كالجوع والعطش والحاجة للنوم والراحة، وأن إحساس المراهقين في المرحلة الأولىٰ من المراهقة ليس هو إشباع هذا الدافع بالطريق التي يفهمها المجتمع

بل تتضمن أحاسيسهم أن النضج الجنسي قد حقق لهم وجودهم الكامل والاقتراب من الرجولة، والمراهقون من الجنسين لا يبغون إلا الاعتراف بحقوقهم الطبيعية والتمتع بإشباع حاجاتهم النفسية التي تصاحب هذه الفترة من فترات النمو كالحاجة للأمن الجسمي والصحة الجسمية، الحاجة إلى الشعور بالأمن الداخلي الحاجة إلى البقاء، الحاجة لتجنب الخطر والألم، الحاجة إلى الحياة الأسرية المستقرة الحاجة إلى الحماية ضد الحرمان من إشباع الدوافع الحاجة إلى المساعدة في حل المشكلات الشخصية الحاجة إلى القبول والتقبل الاجتماعي، الحاجة إلى الأصدقاء الحاجة إلى الانتماء إلى جماعات الحاجة إلى النجاح الاجتماعي الحاجة إلى المكانة الاجتماعية الحاجة إلى تجنب اللوم، الحاجة إلى التربية الجنسية الحاجة إلى اهتمام

الجنس الآخر، الحاجة إلىٰ التخلص من التوتر الحاجة إلىٰ تحصيل الحقائق، الحاجة إلىٰ الخبرات الجديدة والتنوع الحاجة إلىٰ النجاح الأكاديمي الحاجة إلىٰ التعبير عن النفس الحاجة إلىٰ التوجيه التربوي والمهني الحاجة إلىٰ النمو الحاجة إلىٰ التغلب علىٰ المعوقات الحاجة إلىٰ الاستقلال والاعتماد علىٰ النفس الحاجة إلىٰ توجيه الذات الحاجة إلىٰ معرفة الذات الحاجة إلىٰ الأمن النفسي.

وتؤدي حساسية المراهق الانفعالية واضطرابه الانفعالي إلىٰ عدم قدرته علىٰ التوافق مع البيئة التي يعيش فيها، إذ يدرك المراهق أن طريقة معاملته لا تتناسب مع ما وصل إليه من نضج، وما طرأ عليه من تغيرات جسمية وجنسية، وأن البينة الخارجية ممثلة في الأسرة والمدرسة والمجتمع لا تعترف بما طرأ علىٰ المراهقين من نضج، ويفسر كل

مساعدة من قبل والديه على أنها تدخل في شئونه، وهذا التدخل شأنه يقلل من شأنه، وهذا يدعوه إلى العناد والسلبية واللجوء إلى بعض الحيل والأساليب الدفاعية والاستغراق في أحلام اليقظة، ويجب أن ندرك حاجة المراهق إلى من يساعده في تحقيق حاجاته النفسية الأساسية لكي يحقق الاتزان في حياته النفسية، ولذا ينبغي إتباع بعض القواعد العلمية التي تتبعها في معاملة مرهقينا في المنزل والمدرسة ونشعره قبل كل شيء أنه يقترب من عالم الرجولة، ونشعره بالمسئولية ونعامله معاملة الكبار، ونحاول أن نشركه في بعض المشكلات الأسرية وفى اتباع التفكير السليم إزاء هذه المشكلات كي يدرك مستوى قدراته وطريقة تصرفاته إزاء ما يقابله من مشكلات أسرية، فيدرك بذلك الصواب والخطأ مع البعد عن أسلوب الزجر والقسوة والعنف والنبذ

والإهمال، فهي من الاتجاهات الوالدية الخاطئة في فترة حاسمة وحرجة من فترات نمو الفرد، فمسئولية الأسرة تجاه المراهق هي التوجيه والإرشاد لمساعدته على حل والتغلب على إحباطاته ومساعدته في تحقيق أهدافه وآماله، وهذا لن يتحقق إلا عن طريق الإقناع والرضا مما يشعره بمكانته في الأسرة وأيضًا تحاول أن تمهد له السبيل في التوافق مع المجتمع الذي سيتفاعل معه، والوقوف على نوع المعايير والاتجاهات والقواعد السلوكية السليمة وتصحيح وتغيير بعض الاتجاهات الخاطئة وتدعيم بعض سماته الشخصية السليمة، والقضاء كلما أمكن على السمات الشخصية غير المقبولة كي يشعر دائمًا أنه يتقدم نحو التوافق السوي السليم والتحكم في انفعالاته

والحرص على البعد أي انحرافات سلوكية لأنه من أهم مظاهر عدم التوافق مع البيئة.

ويمكن للآباء والموجهين علاج بعض مشكلات المراهقة برفق وتبصر والبعد كلما أمكن عن أسلوب القسوة والعنف وإتاحة الفرصة لتنظيم أوقات الفراغ والاشتراك في العديد من الفرق الرياضية والمعسكرات الصيفية أو الجمعيات الثقافية والاجتماعية، فهي تعد من أهم المجالات التي يستطيع المراهق أن يوجه طاقته ونشاطه في لون من ألوان النشاط الذي يميل إليها ونوع العلاقات السليمة التي تربطه بجماعة النشاط والبعد عن القلق أو الصراعات النفسية أو بعض الاضطرابات النفسية.

ويتأثر النمو الانفعالي للمراهق إلى حد كبير بنوع العلاقات العائلية التي تسود الأسرة في مرحلتي الطفولة والمراهقة ونوع العلاقات التي تربط أفراد الأسرة بعضهم ببعض والجو النفسي والاجتماعي السائد في الأسرة، ومن الأمور التي تفسد نمو المراهق الانفعالي سيطرة أحد الوالدين على أمور المراهق اليومية، والتعامل على أساس أنه ما زال صغيراً، والاستمرار في تربيته على أساس العنف والقسوة والتهديد، وأنه مازال يحتاج إلى إرشاد وتوجيه الوالدين، وعدم إتاحة الفرصة للتعبير عن أرائه ومشاعره وأحاسيسه وإحباط آماله وأهدافه التي يبغى أن يحققها، وفرض بعض المعايير السلوكية والتقاليد التي يجب أن يسير وفقًا لها، وإعاقة ميوله وهوايته والزامه بالخضوع التام لوالديه، وأن أي ممارسة لبعض ميوله تعتبر مضيعة

للوقت، ويؤثر علىٰ تحصيله الدراسي والتدخل في أدق خصوصياته وحرمانه من تحقيق الاستقلال الذي ينشده لحياته، وإهمال تدريبه علىٰ ضبط انفعالاته منذ طفولته وتعرضه لبعض المثيرات المؤلمة بالقدر الذي يؤثر تأثيراً ضارا علىٰ نموه الانفعالي، ويمكن أن يثور المراهق علىٰ هذه الأساليب والاتجاهات الوالدية أو يحاول كبت هذه الثورة في أعماقه اللاشعورية ليعاني ضروبًا من الصراع النفسي الذي يعرضه للعديد من الاضطرابات النفسية.

أما العلاقات الاجتماعية السليمة داخل الأسرة وإتاحة جو مملوء بالحب والرعاية وإشاعة الجو النفسي السليم بين أعضاء الأسرة، واتخاذ بعض الاتجاهات الوالدية السليمة في تربية الأبناء منذ فترة الطفولة المبكرة وعدم تعرض الأبناء لبعض المثيرات المؤلمة، فإن هذا

من شأنه أن يساعد المراهق علىٰ النمو الانفعالي السليم وهذا بدوره يعمل علىٰ اكتمال نضجه وتسير به قدما نحو الاتزان الوجداني ويهيئ جو نفسيا مشبعًا بالحب والأمن النفسي.

ومن الأسباب التي تؤدي بالمراهق إلىٰ اضطرابه الانفعالي عجزه المالي الذي يقف دون تحقيق آماله ورغباته فيما يجد نفسه في بعض الأحيان عاجزا عن مسايرة جماعة الرفاق في الاشتراك معهم في بعض الرحلات والمسرات مما يسبب له الضيق وعدم الطمأنينة، ويمكن أن يؤدي القصور المادي إلىٰ عدم تحقيق ما ينشده من استقلال والتعبير عن تحقيق بعض حاجاته الأخرىٰ مما يدفعه إلىٰ التوتر الانفعالي وفقدانه الثقة بنفسه والقلق والصراع النفسي وهذا بدوره يدفعه إلىٰ التمرد والعناء علىٰ الوالدين والمسئولين عن تربيته، وهذا التمرد

ينسحب على السلطة العائلية والمدرسية بسبب ما يلاقيه من قيود تحد من إشباع حاجاته النفسية التي يسعي إلى تحقيقها و تطلعه إلى التحرر والاستقلال، ولذا يعتبر كل سلطة تحد من تحقيق هذه الحاجات مصدر ضيق بالنسبة له، ويؤدى به كل هذا إلى الثورة والعصيان، ويعترض على كل ما يقدم له من إرشادات ونصائح ويعتبرها قيوداً جديدة تكبله بها الأسرة، فيزداد عناده وتوتره وقلقه، ويميل دائماً إلى تحدي القيود والمعايير والقواعد السلوكية التي تحد من استقلاله النفسي.

ما يجب على الوالدين فعله

لذا يجب على الوالدين والمسئولين إتاحة جو يسوده الوئام والتفاهم والثقة بينهم وبين أبنائهم، والبعد كلما أمكن عن الزجر والنبذ

والتأنيب ومعارضته في جميع خططه وأهدافه، وإتاحة المناقشة الموضوعية البناءة وعدم توجيه النقد اللاذع له بصورة صريحة وعنيفة، والبعد عن فرض الآراء بحزم وشدة واحترام رغبته في سياسة للتحرر والاستقلال دون إهمال رعايته وتوجيهه إلى النمو الانفعالي السليم وإتاحة الفرصة لاتخاذ قراراته الخاصة بالدراسة والمهنة والأمور الخاصة في حياته، فهذه تنمي لديه الثقة بنفسه والاعتماد على نفسه دون أشعاره بالضغط والإكراه في أموره الشخصية. ومن الأمور التي يرى المراهق أنه يميل إلى مناقشتها بعض المبادئ الدينية الحقائق والمبادئ التي كان يسلم بها في طفولته دون جدل أو محاوره، أما في فترة المراهقة فيكثر جدل المراهقين حول المسائل إلى درجة تجعل الكبار يفسرونه على انه الحاد وكفر بالدين وهذا لا يعبر في حقيقه الأمر إلا عن رغبته في

المعرفة كغيرها من الموضوعات وربما يلجأ المراهق إلى هذا الشعور الديني للقضاء على بعض مشاكله الانفعالية وفي التغلب على نزعاته الفطرية خاصا الجنسية منها كمشاهدة الأفلام الخارجية، مما يعقبها شعور بالذنب، ولذا على يجب على الآباء والمسئولين إتاحة الفرصة للمراهقين للتعرف على جميع دوافعه وطبيعة الدوافع التي تجتاحه في هذه الفترة النمائية، وكيف يتغلب عليها، والفهم الصحيح لمبادئ وأصول الدين والإدراك الواضح للمعاني دون تحريف للمعاني السامية وإعداد النشء عن طريق القدوة في المنزل والتوجيه السليم وترجمة المبادئ الدينية إلى أساليب سلوكية يمارسها المراهق عن وعي وإدراك وعمق والتذرع بالقيم الروحية والدينية، للعمل على علاج بعض الأزمات النفسية والصراعات التي يتعرض لها المراهق عن طريق

التوجيه السليم ومراعاة مشاعر المراهق والحساسية الانفعالية،

ومراعاة الرفق والفهم الصحيح الطبيعة المشاكل، ومساعدته على

التوافق مع البيئة المحيطة به، والحرص على البناء السليم للأسرة،

وتحقيق التوافق الانفعالي السوي عن طريق التغلب على المشاكل

والمخاوف التي تؤثر على التوافق الانفعالي للمراهق، والعمل على

تنمية ميوله وتشجيعه على ممارسة بعض الأنشطة الرياضية التي

تساعده على النمو الجسمي والنفسي السليم والبعد عن المثيرات

المخيفة التي تهدد مكانته الاجتماعية مثل الخوف من الرسوب أو

الفشل والمخاوف الصحية والخوف من الحوادث والعاهات

والأمراض وغيرها.

وتشير البحوث والدراسات بجامعه كاليفورنيا ودراسة "هافجرست وتابا" بجامعه شيكاغو ودراسة "بيرت" و"فالنتين" في إنجلترا إن العوامل الاجتماعية والأنماط الثقافية تعتبر هي العوامل المسئولة والمسيطرة علىٰ كثير من جوانب توافق المراهق مع المجتمع سواء أكان التوافق اجتماعيا أو انفعالي.

ويمكن القول إن النمو الانفعالي للمراهق يمر بفترات عصيبة وهزات عنيفة خاصة في المجتمعات المتحضرة والتي تشغل كاهل المراهق بالمسئوليات التي ينبغي تحقيقها والتدريب عليها حتىٰ يستطيع أن يتكيف بها للمستقبل.

ومما يلاحظ علىٰ المراهقين التذبذب من حيث الثبات الانفعالي ويبدو هذا واضحا في التناقض الانفعالي الذي يظهر في سلوكه ويتضح

هذا في الحب والكره والشجاعة والخوف، ويظهر لدى المراهق سعيه نحو تحقيق الاستقلال الانفعالي أو الفطام النفسي عن الوالدين وغيرهم من الكبار وتكوين شخصية سوية.

ويبدو على المراهق شعوره بالخجل والميول الانطوائية والتمركز حول الذات والإحساس بالذنب، ويكون الخيال خصبًا لدى المرهقين ويتخطى المراهق حدود قدراته وإمكاناته، ويمر بخبرات لا يستطيع المرور بها في الواقع، ويحل مشكلاته ويحقق رغباته وأهدافه، ويساعد الخيال في قيام المراهق بدوره الاجتماعي في المستقبل. ويسترسل المراهق في أحلام اليقظة وفي حلم اليقظة ينتقل المراهق من عالم الواقع إلى عالم خيالي من صنعه ومن غير المألوف أن نجد مراهق أو مراهقة دون أن يكون له خبرة بهذا النوع من التفكير الذي يسيطر على سلوكه،

وتعتبر ظاهرة أحلام اليقظة ظاهرة عادية في فترة المراهقة وليست ظاهرة مرضية، وفيها يتخيل المراهق نفسه بطلاً رياضياً أو نجماً سينمائياً أو متفوقًا في أي مجال من مجالات الحياة المختلفة.

ومن العوامل التي تؤثر في النمو الانفعالي العلاقات الأسرية، حيث يتأثر المراهق بالجو الأسري السائد وبنوع العلاقات داخل الأسرة والمعاملة التي يتلقاها من الوالدين وما قد وصل إليه من نضح وما حدث من تغيرات.

ومن الأسباب التي تدعو المراهق إلى القلق والتوتر ما يتصل بالسلطة حيث يتمثل في المنزل والمدرسة، وينشأ نوع من التمرد موجه ضد مصدر السلطة ويحدث تمرد على السلطة من القيود التي يفرضها

المنزل أو المدرسة والتي تحول بينه وبين التطلع إلىٰ تحقيق مستويات طموحة وإلىٰ التمتع بالحرية والاستقلال.

علىٰ المربين والآباء مساعدة المراهق علىٰ حل أي مشكلة انفعالية ومبادرة بحلها والتخلص من التناقض الانفعالي والبعد عن الاستغراق في أحلام اليقظة كلما أمكن ومساعدة المراهق علىٰ تحقيق الاستقلال الانفعالي وتدريبه علىٰ تنظيم خططه واتخاذ قرارته والاهتمام بصحه المراهق النفسية ومساعدته علىٰ التخلص من اضطراباته وصراعاته وقلقه تجاه أي مشكله انفعاليه وتهيئة المناخ السليم في المنزل والمدرسة.

ثالثًا: النمو العقلي

تنمو القدرة العقلية المعرفية للمراهق نموا يتجه بها نحو التمايز والتباين لإعداد المراهقين للتوافق مع بيئته المتغيرة، وتتضح أهمية الذكاء بالنسبة الطفل والمراهق من حيث القدرات والعمليات العقلية المعرفية في البلوغ وفق معدلات تتسم بالتمايز أو بالتباين القائم بين القدرات العقلية المختلفة.

ويعتبر الذكاء هو محصلة النشاط العقلي، وتعد كل قدرة طائفية ممثلة لنوع ما من أنواع هذا النشاط العقلي، وتختلف سرعة نمو الذكاء عن سرعة نمو كل قدرة من القدرات الطائفية المختلفة، وتظهر في المراهقة الميول العقلية للمراهق، وتبدو اهتمامه بأوجه النشاط المختلفة وتتأثر هذه الميول بمستوى ذكائه وقدراته العقلية الطائفية،

وتنشأ في جوهرها من تمايز هذه القدرات، وتوجهه إلىٰ الأنماط العملية التي سيسلكها في حياته العقلية والمهنية فيما بعد، وتتضح هذه الميول في اهتمامات المراهق العقلية من حيث القراءة أو البرامج الإذاعية التي يبغي سماعها، أو أي جانب من جوانب النشاط العقلي المعرفي.

وتزداد قدرة المراهق علىٰ الحفظ واستيعاب أكبر كمية ممكنة من المعلومات وحفظها مدة أطول، ويفضل التذكر القائم علىٰ الفهم، وتنوع الأفراد من حيث أساليب أنهم العقلي حيث يميل المراهق في عملية التذكر علىٰ القدرة علىٰ استنتاج العلاقات وربطة بغيره، ووضعه في الكل المنظم الذي تتبلور فيه خبراته، والميل إلىٰ التعلم قد أثبتت البحوث والدراسات في هذا الصدد أن القدرة علىٰ التذكر لتنمو سواء في حفظ الكلمات أو استعاده القصص.

ويتأثر إدراك الفرد بنمو العضلي الفسيولوجي العقلي المعرفي الانفعالي الاجتماعي، ولذا يتأثر إدراك المراهق بجميع مناحي النمو في فترة المراهقة، وينمو من المستوى الحسي المباشر إلى المستوى المعنوي البعيد.

ويتميز المراهق بأنه أقوى انتباهٍ من الطفل لما يدرك ويفهم وأكثر ثبوتا واستقرارا في حالاته العقلية، وترتبط هذه الناحية من قريب بتطور قدرته على التركيز والانتباه الطويل.

وتنمو عمليه التذكر في فترة المراهقة وتنمو معها قدرة الفرد على الاستدعاء والتعرف، وترتبط عمليه التذكر بنمو قدرة الفرد على الانتباه.

ويتأثر تفكير المراهق بالبيئة؛ حيث يستطيع أن يكيف نفسه لبيئته المعقدة المتطورة مع نموه، وينمو التفكير المجرد والقدرة على الاستدلال والاستنتاج والحكم على الأشياء وحل المشكلات، وتنمو المفاهيم المعنوية وتزداد القدرة على التعميم والتجريد وفهم الرموز، ويستمتع المراهق بالنشاط العقلي ويمضي وقتا طويلا في فهمه العميق لكل ما يحيط بيه.

نمو القدرات الطائفية:

تجمع البحوث الإحصائية النفسية على أن أهم القدرات الطائفية هي القدرة اللفظية، وترتبط ارتباطا وثيقا بالأسلوب اللغوي للفرد وبثروته اللفظية والقدرة المكانية وتتضح في فهم الأشكال الهندسية المختلفة وإدراك العلاقات المكانية والقدرة العددية، وتتضح في إجراء العمليات الحسابية وقدرته على التذكر المباشر، وتبدو في مقدرة

الأفراد على استدعاء الأرقام والألفاظ استدعاءً مباشراً، والقدرة الاستقرائية والقدرة الاستنباطية والسرعة الإدراكية.

كما تتضح الميول في المراهقة وتتصل بتمايز الحياه العقلية للفرد و بأنماط الشخصية و سماتها تتطور ميول الفرد المهنية خلال المراهقة تبعًا لعمره الزمني ونسبة ذكائه وجنسه ومستواه الاجتماعي والاقتصادي، وتتأثر الميول المهنية بمعايير الجماعة ومستوياتها الاقتصادية والثقافية وبيئة الفرد المنزلية والمدرسية، وبخبرته واستعداداته وقدراته وجوانب نضجه ونموه العقلي المعرفي والانفعالي الاجتماعي، ويعتمد نجاح الفرد في تحصيله المدرسي وتفوقه المهني على نسبة ذكائه ومستوى قدراته الطائفية، ودرجة ونوع ميوله إلى المواد الدراسية والمهن المختلفة.

تشير البحوث والدراسات الخاصة بالنمو العقلي للمراهق إلىٰ أن الوراثة تؤدي دوراً في وجود فروق فردية في الذكاء والقدرات العقلية للمراهق، وأيضًا المناهج الدراسية، وشخصية المدرس وأوجه النشاط التي يمارسها التلميذ داخل المدرسة والحرمان الثقافي كلها عوامل تؤثر في النمو العقلي لدئ المراهقين، وهذا يدعو السلطات التربوية أن تركز اهتمامها علىٰ تشجيع المراهق بمساعدته علىٰ تحصيل المعرفة ونمو ميوله من جميع المصادر المتاحة. ويجب أن يوجه المدرس عناية خاصة للمتفوقين بتوجيههم نحو مجالات النشاط المتعددة التي تساعد علىٰ قدح إمكاناتهم واستعداداتهم العقلية المتميزة نحو النشاط، والتي يكتسبون عن طريقها عدداً من الخبرات والمهارات التي ترتبط بالتفوق في القدرة العقلية العامة اكتشاف القدرات الخاصة

لدى المراهق؛ كالقدرة الموسيقية أو الميكانيكية أو الفنية وارتباطها بنجاحه في مهنة معينة أو مواد دراسية أو مجالات النشاط التي تعتمد على توافر قدرات خاصة عند المراهق، والكشف عن قدرات المراهق واستعداداته واستخدامه في توجيهه نحو المهن أو الدراسة التي تتفق مع درجة توافرها ما لديه، حيث تزداد قدرة المراهق على التخيل، وهذه القدرة تطبع المراهقة بطابع خاص يميزها عن غيرها من مراحل العمر الأخرى، وتتميز أساليب الخيال عند المراهق بخيال خصب، وتزداد القدرة على التخيل المجرد، ويتجه من المحسوس إلى المجرد، ويظهر في هذا الميل أي الرسم الموسيقى والكتابات الأدبية وفي أحلام اليقظة.

تعتبر أحلام اليقظة وسيلة من الوسائل التي يعبر بها المراهق عن ميوله، وهي ظاهرة عقلية توجد في جميع الأفراد، إلا أنها تكون واضحة

في مرحلة المراهقة، والموضوعات التي تدور عليها هذه الأحلام تختلف عن المراحل السابقة لها، وتعتبر أحلام اليقظة في فترة المراهقة ظاهرة طبيعية أو خاصة من خصائص النمو، أما الاستغراق فيها بالقدر الذي يبني فيها المراهق قصوراً في الخيال ويعيش في عالم خيالي من صنعه وينفصل تماما من الحياة الواقعية بحدودها ومشاكلها فهي تعتبر ظاهرة غير صحية في هذه المرحلة، ويمكن تقسيم أحلام اليقظة لدىٰ المراهقين والمراهقات علىٰ الوجه الآتي:

1 - أحلام يقظة تدل علىٰ الشعور بالعظمة والسيادة.

2 - أحلام يقظة تعتبر عن الشعور بالنقص.

ويعتبر النوع الأول وسيلة تنفيس عن آماله ومشروعاته المستقبلة، أما النوع الثاني فهو نوع من الماسوشسية تلجأ إليه الفتيات المراهقات

عادة في حالات اليأس الشديد، إذ يدفعها هذا الشعور باليأس إلىٰ تخيل نفسها في مواقف تسبب لها الآلام والتعذيب، وهي تجد في هذا النوع من التعذيب لونًا من ألوان الراحة النفسية.

وتشير الدراسات إلىٰ أن أحلام اليقظة تعتبر سلاحًا ذو حدين، فكما أنها تثير من همة المراهق وتدفعه إلىٰ العمل لتحقيق ما يفكر في عالم الخيال وتكون وسيلة لتوجيه الجانب الابتكاري لدىٰ المراهق وتنميته، إلا أنها في الوقت ذاته تعتبر مضيعة لوقت المراهق وتؤدي إلىٰ إهماله لجوانب النشاط الأخرىٰ التي يمكن أن يقوم بها لتنمية ميوله المتعددة.

ولا نستطيع الحكم علىٰ أحلام اليقظة بأنها نشاط غير عادي، بل إن الحياة الطبيعية تحث الفرد في بعض الأحيان إلىٰ اللجوء لمتنفس

يستطيع من خلاله التخلص من بعض آماله أو رغباته، فهي ظاهرة طبيعية في جميع الأعمار الزمنية، بل ويكثر تواردها في فترة المراهقة، حيث يواكب هذه الفترة العديد من الحاجات النفسية التي يود المراهق إشباعها وحين يجد صعوبة في تحقيق هذه الحاجات يلجا إلىٰ أحلام اليقظة كمتنفس لإشباع هذه الحاجات، ولكنها تعتبر ظاهرة غير عادية إذا لجأ إليها الفرد بصورة مستمرة متكررة ينفصل بها تماماً عن عالم الواقع ويبني قصوراً في الهواء، ويستمتع بهذه الحياة السهلة الخالية من المشكلات والتعقيد.

ومن المتوقع أن تزداد ظاهرة الاستغراق في أحلام اليقظة حين يجد الفرد نفسه أمام العديد من المشكلات التي يصعب عليه حلها، فيلجأ المراهق إلىٰ الخيال لكي يتخطىٰ الحواجز والقيود في عالم الواقع.

ويرىٰ البعض أن الاستغراق في الأحلام لا يُشاهد إلا في المراهقة المحرومة العاطلة عن إشباع حاجات المراهق والقاصرة في اتجاهاتها العملية وفي الاهتمامات الاجتماعية والإنسانية، وأن دراسة أحلام اليقظة للمراهق أو المراهقة هي بمثابة دراسة لحاجاته غير المشبعة ولنوع الضغوط التي تميلها عليه بيئته الاجتماعية.

ويرىٰ "شافر" أن المراهق عندما يوجه الإحباط المتكرر فإنه يتجه إلىٰ أحلام اليقظة أو الأوهام كمنفذ لإشباع تلك الاحتياجات الأساسية للفرد وتعويضه عما يعانيه من نقص.

ويمكن القول ان أحلام اليقظة ظاهرة مألوفة في الحياة النفسية للأفراد، وأن القليل منها مفيد في التنفيس عن توترات الشخص من مشاكل الحياة اليومية، كما أنها بداية لتطلعات يسعىٰ الشخص إلىٰ

تحقيقها في الواقع، ولكن إذا طغت علىٰ الحياة النفسية واستبدت بصاحبها فإنها قد تؤدي إلىٰ ابتعاد الشخص عن عالم الواقع واندماجه في عالم خيالي من صنعه، وهذا ما يتنافىٰ مع أسس ومبادئ الصحة النفسية السوية.

ويصف "يوسف مراد" أحلام اليقظة بأنها تعد من طرق التعويض أو من طرق الفرار من الواقع، وتؤدي المخيلة فيها دوراً هامًا، فإن عالم الوهم أكثر مرونة من عالم الواقع الصارم، وليست أحلام اليقظة في حد ذاتها ضارة دائمًا فقد تمهد الطريق إلىٰ ابتكار وسائل جديدة لحل المشاكل التي تواجه المرء، ولكن إذا استسلم المرء لها وقطع الصلة بينه وبين العالم الخارجي ولجأ إلىٰ برجه العاجي فقد يتحول هذا

الانزواء والانطواء على النفس إلى حالة شبيهة بالحالات المرضية أو مؤدية لها.

ويعرف "جرين" أحلام اليقظة بأنها إشباع لرغبات لا شعورية حبيسة، ولكن ليست جميع أحلام اليقظة تدور حول الرغبات اللاشعورية، وإلى حد ما فإن بعضاً منها يكون محوره الحرمان.

يقول "وودورث" في صدد حديثه عن أحلام اليقظة أن المرء في لحظة الاسترخاء يسمح لتفكيره أن يشرد هنا وهناك، وقد تؤدي حادثة إلى تتالي الحوادث ويجد الإنسان نفسه مندهشاً لأنه بعيد كل البعد عن نقطة البداية، ولكن لو استرجع بعناية تتابع الأفكار يجد أن حالة التداعي هذه هي التي تسترجع كثيراً من الذكريات التي يعتقد المرء أنه

نسيها منذ وقت طويل، وتتسم هذه العملية بالتلقائية لأن الإنسان لا يستطيع التحكم فيها لأي غرض أو توجيهها لأي هدف.

وعلىٰ الرغم من أن أحلام اليقظة تعتبر نوعًا من التدريب علىٰ التفكير الخيالي إلا أنها تعتبر هروبًا من مصاعب ومسئوليات الحياة الواقعية، ولكن عندما تصبح أحلام اليقظة ملحة ومتكررة فإنها تؤدي بالفرد إلىٰ عدم توافقه في الحياة الواقعية.

ويجب علىٰ المدرس أن يوجه التلاميذ إلىٰ إنشاء الأنشطة المتعددة في المدرسة، ويشجع تلاميذه علىٰ ممارسة هذه الأنشطة كي يندمج التلميذ أكثر في الحياة الواقعية والبعد عن عالم الخيال، ويجب أن يوجه عناية خاصة للمتفوقين عقليا؛ وذلك بتوجيههم نحو مجالات النشاط التي تساعد علىٰ قدح إمكاناتهم واستعداداتهم العقلية المتميزة

واكتساب العديد من الخبرات والمهارات في الدراسة أو البحث العلمي أو العمل.

يجب على المدرس أن يشجع على التفكير المجرد والقدرة على التحليل المنطقي والتفكير العلمي السليم، مع مراعاة المدرس للفروق الفردية بين التلاميذ وأيضًا مراعاة الفروق في القدرات لتلاميذه وتوجيه الأفراد إلى استغلال هذه القدرات والاستعدادات لديهم وتكليف التلاميذ بالقيام ببعض الأمور والأعمال التي تستغل ما لديهم من قدرات وذكاء.

واكتشاف القدرات الابتكارية لدى التلاميذ وتنميتها إلى أقصى درجة ممكنة حتى تحقق المراهقة مستوى مناسب من الصحة النفسية السليمة، الاهتمام بإتاحة خدمات التوجيه التربوي والمهني والنفسي

في المدرسة علىٰ أن يستفيد بهذه الخدمات الآباء والمدرسين وإتاحة

مناخ نفسي سليم داخل المدرسة يشجع الطلاب علىٰ تنمية ما لديهم

من طاقات وقدرات واستعدادات خاصة.

رابعاً: النمو الاجتماعي

تتسع الحياة الاجتماعية للمراهق وتعتبر الدعامة الأساسية للحياة الإنسانية حيث يشعر المراهق بانتمائه إلىٰ جماعة وأن عليه مسئوليات نحو الجماعة التي ينتمي إليها، وهو يحاول جاهدا أن يقدم بعض الخدمات للنهوض بأفراد جماعته وتلعب الأسرة دوراً هامًا في نمو المراهق من المجال الاجتماعي حيث يستمر في تعلم الأساليب السلوكية والعادات المقبولة اجتماعيًا والقيم والمعايير الاجتماعية والأساليب الاجتماعية السليمة، بحيث تعتبر مرحلة المراهقة مرحلة التطبيع في سلوك المراهق.

ويبدأ المراهق في توسيع نطاق اتصاله الشخصي حيث يقوم بتكوين العلاقات الاجتماعية وخاصة مع أفراد الجنس الآخر، ينمي

الاتصال الشخصي قدرة المراهق على التحدث والكلام بصورة منطقية واقعية، وينمي ميوله واتجاهاته ويوسع وجهات نظره ويزيد معلوماته العامة، ويلاحظ اهتمام المراهق بالمظهر الشخصي فيقوم باختيار ملابسه بصورة تساير الموضة الحديثة، ويختار الألوان الزاهية والموديلات الحديثة الملفتة خاصة بالنسبة للجنس الآخر.

ويميل المراهق إلى الاعتماد على نفسه بدلاً من اعتماده على الغير، والاستقلال الاجتماعي وتطلع المراهق إلى تحمل بعض المسئوليات والمهام الاجتماعية والقيام بدوره الاجتماعي، ويتضح لدئ المراهق ميله إلى الزعامة والتوحد مع شخصيات خارج نطاق البيئة مثل شخصيات الأبطال ونجوم السينما.

تظهر لدى المراهق بعض الميول والاتجاهات والأنماط السلوكية الخاصة، ومن اهم الخصائص السلوكية فيها الاهتمام بالجنس الآخر ومحاولة جذب الاهتمام، ومصادقته والتودد إليه، ويؤدي نمو الاتجاه نحو الجنس الآخر إلى نمو الكثير من المظاهر السلوكية المقبولة، حيث يحاول المراهق أن يظهر بالمظهر اللائق فيهتم بشخصيته ويتعلم ضبط النفس والمبالغة في التألق.

وأهم ما يلاحظ في فترة المراهقة الميل إلى تكوين الجماعات أو الشلل من الأقران، ويشتد ولاء المرهقين لجماعات الأقران بصفة أكثر من المراهقات، ويؤدي ذلك إلى تكوين الصداقات والفرق الرياضية وغيرها من ألوان النشاط.

ومن العوامل التي تؤثر في النمو الاجتماعي للمراهق العلاقات الأسرية حيث يتأثر المراهق بالجو الأسري والعلاقات السائدة بين أعضاء الأسرة ومدىٰ تحقيق حاجاته الاجتماعية وأهمها الحاجة إلىٰ مكانة اجتماعية، ومما يؤثر في نموه الاجتماعي أن تكون المعاملة التي يتلقاها من الوالدين لا تتناسب مع ما حدث له من تغيرات.

جماعة الأقران:

يتوقف جانب كبير من الحياة الاجتماعية في مرحلة المراهقة علىٰ مدىٰ نشاط الهيئات والمؤسسات الاجتماعية الموجودة في المحيط الذي يعيش فيه المراهق ومدىٰ فعالية كل منها في أداء دوره ورسالته.

ومع التسليم بأن نشاط المراهق في الجانب الاجتماعي قد لا يعتمد اعتماداً كاملاً علىٰ أوجه النشاط المدرسي، فمن الواضح أن من بين الطلاب من تغلب عليه الإحساس بالرفض وعدم التقبل في جماعة ما،

وتؤكد الدراسات والبحوث السابقة أن وجود عدد من العوامل يمكن أن يعزىٰ إليها افتقاد التقبل من الأقران ومن أهم هذه العوامل الانطواء والخجل؛ ويعمد المراهق إلىٰ عدد من حيل وأساليب التوافق في مواجهة ما قد يجد عليه نفسه من اختلاف وانحراف عن أقرانه في جانب أو أكثر من جوانب النمو، فقد ينتهج بعض المراهقين أسلوب التحدي والعدوان، بينما يعمد فريق آخر إلىٰ إتيان صور غريبة من السلوك بهدف جذب انتباه الآخرين أو الحصول علىٰ مكانة متميزة بينهم، وقد يؤثر فريق ثالث الانسحاب من الحياة الجماعية وأنشطتها، ويجد مراهق آخر في الخيال وأحلام اليقظة ملاذاً في عزلته.

ومن العوامل التي تؤدي إلىٰ الانطواء والخجل عندما يضع الوالدين للابن مستويات وأهداف تتجاوز حدود ما لديه من قدرات

وإمكانات، إذ يترتب إخفاق المراهقين في تحقيقها إلى الانطواء والخجل والقلق والإحساس بالعجز والنقص بالنسبة لأقرانه.

وقد يدرك المراهق أن الأسرة بصفة عامة لا تقدره كإنسان في حد ذاته، وإنما يتوقف ما يحظى به من تقدير واعتراف على أساس ما يستطيع، ويتوصل إليه بالفعل من إنجاز.

ويترتب على افتقاد المراهق للمهارات الاجتماعية عدم تقبله في الجماعة التي يرتبط بها، إذ أن تعلم هذه المهارات يتيح للفرد إمكانية الاشتراك في نشاط الجماعة وممارستها.

ولا شك أن أساليب المعاملة الوالدية التي يتلقاها الفرد في طفولته ليست بمعزل عن هذا العجز أو النقص الذي يعاني منه المراهق، فكثيراً ما تلجأ بعض الأسر إلى حماية أبنائها حماية زائدة، وتبالغ في إغداق

الحب والحنان عليهم مما يؤدي بأولئك الأطفال إلىٰ الحرمان من المواقف التي تسهل لهم سبل تعلم المهارات الاجتماعية اللازمة للتعامل الاجتماعي أو الاتصال الاجتماعي.

وتبدو مقاومة سلطة الكبار وتظهر هذه المقاومة بوضوح في الثورة ضد الأبوين اللذان يريدان احتكاره وتبعيته لهما ويتدخلان في كل صغيرة وكبيرة من حيث أموره الشخصية ويفرضان في بعض الأحيان أموراً لا يرغب في القيام بها، ويمر في هذا الأسلوب بقيود وحواجز تمنعه من الاستقلال والتحرر والاتصال بأقرانه الذين يجد في صحبتهم جواً يتيح له المزيد من الاستقلال، وربما تأخذ نزعة المراهق إلىٰ الاستقلال عن الكبار شكل التمرد والثورة والعصيان والتهديد أو تتطور وتأخذ صورة الهروب من المنزل أو المدرسة.

ومن أهم مظاهر اضطراب المراهق وتوتره هو عدم توافقه مع بيئته والظروف والمثيرات البيئة وعدم تمكنه في محيط هذه الظروف أن يؤكد ذاته أو ينحو إلىٰ الاستقلال، ونظراً لما تفرضه الأسرة من قيود أو معاملة قاسية يتجه إلىٰ مجموعة الأقران لتمضية وقت الفراغ عن طريق العبث والإتيان ببعض الأنماط السلوكية المنحرفة وارتكاب بعض الأخطاء أو الخروج عما هو مألوف من عادات وتقاليد سلوكية وينتهي به إلىٰ مصاحبة رفاق السوء يمضي معهم الساعات لأنه يستطيع فيها الخروج عن القواعد السلوكية التي يجدها داخل أسرته وخاصة حريته في القيام ببعض الأفعال والسلوك غير المقبول داخل الأسرة وأمام الأب والأم والأخوة وميله للخروج عن العلاقات الاجتماعية داخل الأسرة، وانتماء المراهق إلىٰ جماعات من الأصدقاء علىٰ أساس

اختياره بنفسه لهذه الجماعات، والصداقات التي تنشأ في فترة المراهقة تكون أكثر ثباتًا ودوامًا، حيث يتبادل المراهق فيها مع جماعة الأقران تلك المشاكل والهموم والاضطرابات والأسرار والمشاعر والأحاسيس التي يتناقلونها، والمشاكل والمتاعب التي يعتقد المراهقون أن الآباء لا يقدرونها التقدير المناسب، فهناك مشاعر تربط بينهم وحدة وفكر تجاه المشاكل والمتاعب التي يتصدون لها، والعمل على التغلب على هذه المشاكل، مما يساعد على الترابط القوي وثبات هذه الصلة ودوامها.

وقد يتعرض المراهق للرفض أو عدم التقبل من جماعة الأقران عندما لا يتوافر لديه مستوى مناسب من الاتزان الانفعالي يتيح له فرصة الإسهام الإيجابي مما يؤدي إلى الرفض والتجاهل من جانب الأقران.

ويمكن أن تقوم المدرسة بدور هام فيما يتعلق بتوافق طلابها وتكيفهم الشخصي والاجتماعي، لأن وظيفة المدرسة ليست قاصرة على مجرد تلقين المعلومات والمعارف في مجالات العلم والمعرفة، بل هي تمارس تأثيرها ومسئولياتها على جبهة عريضة بحيث تشمل نمو شخصية الطالب بكلية وشمول ومن جميع جوانبه الشخصية، ويعتبر التعلم الاجتماعي جانبًا هامًا من جوانب النمو التي ينبغي على المدرسة أن تسهمه إسهامًا إيجابيًا فعالاً، ولعل الضمانات التالية يمكن أن تكون مفيدة في هذا الصدد:

١ – اهتمام المدرسة بالنشاط الاجتماعي الهادف، بدلا من التركيز على المادة الدراسية فقط.

٢ - اشتراك الطلاب في الأنشطة المدرسية بدلاً مما نلاحظه في الوقت الحاضر من هيمنة فئة قليلة من طلاب المدرسة علىٰ ما يوجد فيها من نشاط.

3- إبراز ما تنطوي عليه المادة الدراسية من مغزئ أو مضمون اجتماعي، خاصة وأن هناك كثير من المواد الدراسية ذات صلة مباشرة بأمور اجتماعية معينة.

4- تنمية القيم الاجتماعية لدىٰ المراهق مع نمو الذكاء الاجتماعي لديه.

٥- وجود مرشد أو أخصائي نفسي ضمن هيئة العاملين بكل مدرسة ثانوية، حيث إنه من الواضح أن المدرس العادي قد لا يستطيع أن يعين المراهق المشكل الذي ترفضه الجماعة أو تتجاهله، ويستطيع

المرشد النفسي أن يمارس مسئولياته في هذه الناحية بالتعاون مع الأخصائي الاجتماعي.

ويحتاج التعامل الناجح مع الطلاب في هذه المرحلة من العمر إلىٰ عدة متطلبات أساسية ينبغي توفرها لدىٰ من يتصدىٰ لحمل أمانة هذه المسئولية، ويأتي المقدمة هذه المتطلبات إقناع الكبار بأن هذا الاتصال المباشر بجماعة الأقران بعد أفضل السبل المتاحة لفهم المراهق وفيما يلي بعض المسارات التي يرىٰ علماء النفس والاجتماع فيها سيلاً مناسبة للعمل مع جماعات المراهقين.

١ - ضرورة توفير مجالات النشاط الهادف كممارستها بصور إيجابية فعالة.

٢ - العمل علىٰ تكوين فلسفة الحياة.

3- القدرة على إنشاء علاقات ودية ومشبعة مع الجماعات.

4- ضرورة توافر صفات معينة في شخص المدرس.

٥- العمل على تنمية شخصية المراهقين من جميع جوانبها العقلية المعرفية والانفعالية الدافعية.

6- إتاحة الفرصة للمراهق لكي يؤكد ذاته ويسعى إلى الاستقلال وتكوين شخصية ناضجة.

7- مساعدة المراهق في النمو الاجتماعي وتحقيق التوافق الشخصي والاجتماعي.

8- إكساب المراهق اتجاهات وخبرات اجتماعية سليمة تساعده على التوافق الأسري والاجتماعي.

9- مساعدة المراهق في مواجهة مشاكله والسعي في حلها بصورة سليمة مستعينًا في ذلك بالأسلوب العلمي السليم.

أهم العوامل المؤثرة في النمو الاجتماعي:

- الأسرة:

تؤدي الأسرة دوراً بالغ الأهمية في النمو الاجتماعي للفرد، فالطفل الذي تلقىٰ الخبرات الاجتماعية السليمة والعلاقات المبكرة التي تتوفر للطفل في الأسرة في السنوات الأولىٰ من حياته تقوم بدور هام في تكوين وبناء شخصيته وتشكيل سلوكه وتوافقه النفسي والاجتماعي في المراهقة، وتعد الأسرة هي المسئولة عن تشكيل السلوك الاجتماعي للفرد وعن توافقه الاجتماعي وتعلم الأدوار الاجتماعية والقيم والاتجاهات والمعايير السلوكية وفلسفة ناضجة للحياة، وتوفير

الرعاية الاجتماعية النفسية والإشباع المنتظم لحاجات الفرد ودوافعه السيكولوجية مما يؤدي إلى التوافق الاجتماعي .

أيضًا تعد الأسرة هي المسئولة عن تحقيق مطالب النمو النفسي والاجتماعي للفرد، فمن خلالها لها نتعلم التفاعل الاجتماعي مع رفاق السن وتكوين الصداقات والاتصال بالآخرين والتوافق الاجتماعي واكتساب معايير الأخلاق وتكوين المفاهيم والأحكام الخلقية والمدركات الخاصة بالحياة وتكوين اتجاهات سليمة نحو الجماعات والمنظمات الاجتماعية وتعلم المشاركة في الحياة اليومية وممارسة الاستقلال الشخصي نمو مفهوم الذات واكتساب اتجاه سليم نحو الذات وتحقيق الشعور بالأمن والاستقرار مما يتحقق التكامل النفسي للفرد.

كما تؤدي الأسرة دوراً هامًا في تعلم الطفل مهارات متنوعة وطرق مقبولة للسلوك الاجتماعي، والطريقة التي سيتفاعل بها مع أعضاء الأسرة، ونوع الخبرات التي يكسبها من الأسرة تمثل النماذج والأنماط التي ستشكل وفقًا لها تفاعلاته وعلاقته الاجتماعية، ويتأثر بها نموه الاجتماعي، ويكتسب قيمها واتجاهاتها، ويلتزم بمعايير السلوك الكائنة بها، وتقوم الأسرة بهذه الأمور جميع عن طريق ما يعرف بالاتجاهات الوالدية في التنشئة.

- علاقة الطفل بوالديه وأثرها على مراهقته:

يلاحظ أن الطفل المدلل في طفولته، يعجز عن الاعتماد على نفسه في مراهقته ويصعب عليه التصدي لمواجهة أزماته ومشاكله ويشعر بالعجز والنقص عندما تتأخر الأسرة في تلبية مطالبه ورغباته.

- العلاقات الاجتماعية بين الآباء والأبناء:

تؤدي العلاقات بين الآباء والأبناء دوراً هاماً في النمو الاجتماعي السليم للمراهق حيث يصر الوالدان على معاملة أبناءهم المراهقين كما لو كانوا أطفالاً، وعلى مطالبتهم في نفس الوقت على تحمل المسئولية والاعتماد على النفس.

ويشير "فؤاد البهي" السيد إلىٰ أن أسباب الخلاف ترجع في معظمها إلىٰ ما يفرضه الآباء من قيود علىٰ المراهقين لإقرار الحزم وتدريبهم علىٰ النظام وما يصحب هذه القيود من ثورة المراهقين عليها ورفضهم إياها، وهم يحسبون بذلك أنهم جاوزوا هذه القيود الصبيانية التي يجب ألا تفرض عليهم، وأيضًا مبالغة المراهق في نقده لوالديه وأخوته ولحياته العائلية والآباء الذين ضحوا في سبيل أبناءهم ليحققوا لهم حياة كريمة، وربما ينشأ الخلاف من نوع الحياة الاجتماعية التي يحياها الفرد في مراهقته، وخاصة في اختلاط المراهق بالجنس الآخر، والأماكن التي يرتادها، والملابس التي يرتديها، وحاجته الملحة للمال ليتابع نشاطه ويساير بذلك نزواته وسهراته مع أقرانه.

- **الجو النفسي السائد في الأسرة:**

يتأثر المراهق في نموه الاجتماعي بالرعاية النفسية والجو النفسي الذي يسود الأسرة والعلاقات بين الأفراد، ويكتسب من خلال هذه الخبرات اتجاهاته النفسية والاجتماعية بتقليده لوالديه، والشخصية السوية لا تنشأ إلا في جو يسوده الثقة والوفاء والتآلف، ويتأثر المراهق بالجو النفسي السائد بين أفراد أسرته، فينمو ويتطور في إطار مجتمع سوي يعده إعداداً صحيحًا للتفاعل مع الأقران والمحيطين، والأسرة التي تساعد طفلها على النمو النفسي السليم في الطفولة المبكرة تهيئ له الفرصة لكي ينمو في فترات حياته نمواً سليمًا خاليًا من المشكلات التي تعرقل نموه وتأثره في توافقه الاجتماعي والجو المضطرب الذي يسود الأسرة ويهيمن على العلاقات داخلها، وتعصب الأب لقيم وعادات وتقاليد جيله ويعيش الأبناء تحت وطأة الصراع الحساد

والاضطراب الشديد يؤثر تأثرا سلبيا علىٰ الأبناء وعلىٰ نموهم النفسي وتوافقهم الاجتماعي

- الفطام النفسي:

ينحو المراهق إلىٰ التخفف من علاقته بالأسرة وشراء لوازمه وملابسه واختيار بعض الملابس الزاهية المزركشة أو قضاء وقت فراغه مع أصدقائه وتأكيد مكانته وشعوره بالاستقلال والاشتراك في بعض الأمور العائلية وإسهامه في مطالب الأسرة المادية إذا لزم الأمر ذلك.

- المستوىٰ الاجتماعي الاقتصادي للأسرة:

يؤدي المستوىٰ الاجتماعي والاقتصادي دوراً في النمو الاجتماعي للمراهق؛ حيث يرتبط المستويين الاجتماعي والاقتصادي للأسرة بنوع

المعايير السلوكية والاجتماعية والعادات والتقاليد والقيم السائدة وبمدى تفاعل المراهق معها وإيمانه بها وخضوعه لها.

وتساعد المدرسة المراهق في الإسهام في جوانب النشاط الاجتماعي الذي يسهم بدوره في اكتمال نضجه وتوافقه، ويتأثر المراهق أيضًا في نموه الاجتماعي بمدرسيهِ، وتؤثر شخصية المدرس ومعاملته للمراهق في إسهامه في حل مشاكله فالمدرس الذي يتصف بالعدل والرحمة ويتجاوب مع تلاميذه ويساندهم في بعض المواقف ويشاركهم أحزانهم ومسراتهم، ويستمتع بإقامة علاقات اجتماعية سليمة معهم وحبه لمهنته وإيمانه بها، وقدرته على إتاحة الجو النفسي المشبع بالحب والدفء مع تلاميذه واتزانه الانفعالي يؤثر على سلوك تلاميذه ويكتسبوا منه سمات وصفات تساعدهم على التوافق السليم.

أشارت العديد من البحوث والدراسات إلىٰ وجود علاقة بين مستوىٰ النمو الاجتماعي والنمو الخلقي لدىٰ المراهق، ومدىٰ إيمانه بالمعايير والقيم السائدة، وأيضا النمو الديني وإدراكه للخير والشر، ويشير بيري إلىٰ أهمية القيم الخلقية في تتطور الاجتماعي للفرد، وأن الفرد يتصرف ويسلك في حدود معايير الخير العالمية والمثل الإنسانية الخالدة حيث تعد هذه المعايير مكتسبة في جوهرها وتمثل الدعائم الرئيسية للشخصية الإنسانية المتكاملة السوية.

ويمكن للمراهق الوصول إلىٰ مستوىٰ من النضج الاجتماعي عن طريق العوامل الآتية:

1- تحقيق علاقات اجتماعية أكثر نضجًا من المعارف والأصدقاء من كلا الجنسين.

٢- قيام المراهق بدور اجتماعي مناسب يتفق مع جنسه.

3- تقبل الفرد لنموه الجسمي، وعدم المقارنة بينه وبين الأفراد في معدلات النمو واتباع القواعد الصحية السليمة الخاصة بالنوع والتغذية والراحة والنظام وممارسة نوع من النشاط يتفق مع ميوله.

4- الوصول إلىٰ مرحلة الفطام النفسي عن الأبوين وتحقيق الاستقلال وخاصة الاستقلال النفسي والاقتصادي المأمون

٥- النجاح في اختيار إحدىٰ المهن وبداية التأهب للمشاركة الفعلية في أدائها.

٦- النجاح في اكتساب المهارات الاجتماعية والمفاهيم اللازمة والمعايير السلوكية والمثل والقيم والعادات والتقاليد والمفاهيم اللازمة لكي يصبح الفرد مواطناً كفؤا وقادراً على القيام بدور ما في حياة مجتمعه.

7- اكتساب الفرد لمجموعة من القيم ونظام أخلاقي ينتظمان في صورة إطار مرجعي خاص به على نحو يمكن الفرد من توجيه سلوكه وتقيمه.

الفصل الثاني
الحاجات والصراعات النفسية

أولا: حاجات المراهقة

ثانيا: الصراع بين المراهقين والآباء

ثالثا: الصراعات النفسية التي يمر بها المراهق

أولاً: حاجات المراهقة

يقضي المراهق كغيره من الأفراد كل وقته في إشباع حاجاته الجسمية والاجتماعية والنفسية، أو في محاولة إشباعها، وتتفاوت حاجات الإنسان فيما بينها من حيث درجة نشاطها، كما يختلف الأفراد فما بينهم من حيث المنهج الذي يتبعه كل منهم في إشباع هذه الحاجات المختلفة وهناك عدة طرق لإشباع الحاجات تتفق مع ما يسود في المجتمع من عادات وتقاليد ومعايير سلوكية وقيم واتجاهات وتمد طرق إشباع حاجاتهم البيولوجية والنفسية الاجتماعية بالطرق والأساليب التي يرتضيها المجتمع ويتقبلها.

1-   الحاجات الجسمية:

يشترك المراهقون فيما لديهم من حاجات بيولوجية جسمية، ومن هذه الحاجات الجوع – العطش الراحة، الجنس التخلص من

الفضلات، تجنب الأذى، وتعد هذه الحاجات حاجات أولية أو فطرية أي يشترط فيها كل أفراد النوع، ومن ذلك تتأثر طرق إشباع أي من هذه الحاجات بالمستوى الثقافي والمستوى الاجتماعي الاقتصادي للفرد.

2- الحاجات النفسية الاجتماعية:

تؤدي الحاجات النفسية الاجتماعية دوراً هاماً في حياة الإنسان وتتزايد في مرحلة المراهقة خطورة الدور الذي يمكن أن تقوم به وهي تبدو في هذه المرحلة في صورة حاجات ملحة تتطلب الإشباع، ومن هذه الحاجات:

أ- الحاجة إلى المركز أو المكانة:

تعتبر الحاجة إلى المركز أو المكانة من أقوى الحاجات النفسية الاجتماعية، بل وأهمها في فترة المراهقة، ويبدو الفرد في هذه المرحلة

شغوفًا تواقًا إلىٰ أن تكون له أهميته ومكانته بين أفراد المجموعة التي ينتمي إليها، وهو في سعيٍ دائم كي يعترف الآخرون بما له من قيمة ويتعجل في مسلكه وتصرفاته باستمرار للوصول إلىٰ مرتبة الراشدين الناضجين، وقد يتفوق اهتمام المراهق بمنزلته بين أقرانه علىٰ اهتمام المراهق بمنزلته عند أبويه ومدرسيه ولعل ذلك يرجع في جزء كبير منه إلىٰ أهمية الدور الذي تقوم به جماعة الأقران في هذه المرحلة.

ب – الحاجة إلىٰ الاستقلال:

تتزايد أهمية هذه الحاجة ودلالتها في مرحلة المراهقة إذ نجد المراهق تواقًا إلىٰ أن يتخلص من القيود والضغوط التي يفرضها عليه والديه، وإلىٰ أن يصبح شخصًا مستقلاً يوجه نفسه بنفسه، فهو يريد لنفسه غرفة خاصة في المنزل يستطيع أن يحتفظ فيها بحاجاته الشخصية

و ينظمها بطريقته الخاصة ويبتعد فيها عمن هم أقل من سنه من الأخوة و الأخوات، وإلىٰ أن يعتكف فيها ويفكر ويخطط لأموره أو نشاطاته الخاصة والمراهقون الذين تلقون معاملة متزنة في المنزل و المدرسة فإنهم يسلكون علىٰ نحو يتسم بالاتزان النفسي والضبط النفسي، ويكون من الممكن الاعتماد عليهم في القيام بأعمال تنطوي علىٰ الاستقلال والإحساس بالمسئولية.

ج- الحاجة إلىٰ الإنجاز:

تتمتع هذه الحاجة بأهمية عظمىٰ من حيث صلتها بالتعلم فقد ذهب كل من "ثورنديك" و "هل" و "سكيز" وهم من أصحاب نظريات التعلم؛ إلىٰ أن التعلم يكون له فعالية كبرىٰ عندما يشعر الطالب بعد قيامه بمجهود معين أنه قد أنجز شيئًا أو حققه، وذلك طبقًا لمبدأ

التدعيم أو التعزيز، فإذا أردنا للتلاميذ أن يتعلموا بسرعة وأن يقبلوا على العمل المدرسي، لابد أن نكفل لهم الإحساس بحسن صنيعهم إن هم أحسنوا، ومن ثم ينبغي أن يحصل كل تلميذ على ما يستحقه من مدح وإطراء إن هو أجاد هذا العمل، بحيث يكون المدح بطريقة معلنة وأمام بقية زملائه.

ويتصل بهذه الحاجة مبدأ أساسي من مبادئ التعلم، ونعني به مبدأ الاستعداد أو التهيؤ، حيث يتعلم التلاميذ والطلاب ما يراد تعليمه عندئذ يتيسر لكل طالب إمكانية الشعور بأنه نجح في إنجاز شيء.

د ـ الحاجة إلى تكوين فلسفة ناضجة في الحياة:

يحتاج المراهق إلى أن يكون له فلسفة مرضية ومقبولة له في الحياة فقد يلقى كثيراً من الأسئلة، وقد يقوم ببعض التأملات غير الناضجة عن

طبيعة هذا الكون بيد أنه لا يعتريه ذلك الاهتمام الدائب بالبحث عن

معنى الحياة إلا بعد أن يدخل مرحلة المراهقة.

فالمراهق يهتم بالبحث في الحق والدين والمثل العليا وهو يسعى

باستمرار في سبيل الاكتمال أي أنه يريد أن يستكمل معرفته عن كنة

الحياة وماهيتها وأغراضها، كما أنه يسعى كي يسد ما في هذه المعرفة

من نقص أو ثغرات، ويترتب على نجاح المراهق في تكوين فلسفة

مقبولة ومجموعة من المعتقدات المرضية أن يتوافر لديه نوع من الأمن

والطمأنينة النفسية.

تأثير حرمان الحاجة أو عدم إشباعها:

عندما يتواجد لدى المراهق حاجة لا يتيسر لها الإشباع الكافي

يترتب على هذا أن يصبح المراهق مضطربا ومتواترا، وغير مستقر،

ومن ثم فهو يبحث لنفسه هدف محدد يعينه على تخفيف حالة عدم الاتزان التي يعاني منها بحيث يكون ذلك الهدف الذي ينشد تحقيقه وإنجازه وثيق الصلة بالحاجة موضوع الإشباع، ويمكن القول بأن أكثر الحاجات النفسية الاجتماعية تظل في حالة عدم إشباع أو تظل في حاجة مستمرة إلى الإشباع المتجدد، ونادراً ما يحقق المراهق لنفسه مكانة كافية يرتضيها أو قدر يقف عنده من الإنجازات أو مستوى محدد من الأمن النفسي، ويتعرض المراهق للتوتر وعدم الارتياح إذا ما أعيقت حاجاته أو عانى من مواقف تنطوي على الصراع، ويعيش حالة من عدم الاتزان ويفتقد الاستقرار والأمن النفسي، وينبغي على المراهق أن يتكيف وصولا إلى تخفيف حدة التوتر الزائدة، وعلى نحو يجعل هذا الموقف محتملاً بالنسبة إليه.

ثانيا: الصراع بين المراهقين والآباء

يعد الصراع من وجهة نظر التحليل النفسي من الملامح الأساسية للنمو النفسي وتذهب "أنا فرويد" إلىٰ القول بأن هناك عدة مواقف حياتية أثناء سعي المراهقين لتحرير أنفسهم يبدو فيها التعامل معهم أمراً بالغ الصعوبة. وعلىٰ هذا النحو يعتقد أنصار مدرسة التحليل النفسي أن المراهق لابد أن يواجه والديه في أمور تخصه كي ينمو أو يشب علىٰ الطوق، ولا يقف المراهق عند حد رفض والديه فقط، بل هو يرفض كذلك ذاته الطفلية، تلك الذات التي ارتبطت بالوالدين ارتباطًا قويًا، وفي الوقت الذي يرفض فيه المراهق طفولته ووالديه في سعيه لتحقيق ذاتيته الخاصة به ككائن متميز ومستقل عمن حوله، فهو مازال يحتاج إلىٰ الحب والمساندة والحماية، وهذه كلها أمور يغدقها عليه والديه وهكذا يبدو الآباء مخطئون مهما فعلوا أو قدموا للأبناء

ويظل الأطفال على عداء تجاههم. وترى وجهة نظر أخرى إمكانية حدوث الصراع بين الفريقين في كثير من الأحيان ويبدو أنها تتخذ موقفًا أكثر تفاؤلاً، حيث ترى أن ذلك الصراع ليس حتميًا، بل يمكن تجنبه وتستند وجهة النظر هذه فيما تذهب إليه إلى نتائج كبيرة من البحوث والدراسات العديدة، فقد أوضح "أدلسون" أن العلاقات السلمية أو الطيبة بين الآباء والمراهقين تمثل موقفًا عاديًا.

وأشار كل من "هوفمان" و "هافجهرست" إلى أن المراهقين يبلغون النضج في يسر وسهولة عندما يضع الآباء حدوداً أو ضوابط معقولة على سلوكهم، وعندما يتخذ الآباء موقفًا نحو الأبناء يتسم بالحب والتعاطف والاهتمام والإيجابية.

ويشير مور وهو "لترمان" إلىٰ أن هناك علاقة بين ارتفاع كل من مستوىٰ تعليم الوالدين والمستوىٰ الاجتماعي الاقتصادي للأسرة ومدىٰ توافق وانسجام حياة الأسرة، وتوصل الباحثان إلىٰ هذه النتيجة خلال التقارير التي كتبها مجموعات المراهقين والمراهقات بخصوص رأي كل منهم فيما يمكن أن تعانيه الأسرة من توتر وصراع، ويتفق الباحثون بصفة عامة علىٰ رأي؛ أن الآباء يحتلون أهمية كبرىٰ بالنسبة للمراهقين، وتختلف الدراسات فيما بينهم بخصوص الدرجة التي يمكن عندها اعتبار الآباء مشكلة في حياة المراهقين.

ويمكن أن تتضمن أسباب الصراع النفسي الأسباب التالية:

1 – قلق المراهق الانفعالي نحو عدم قدرته علىٰ التوافق مع البيئة التي يعيش فيها، وينتج هذا من التغيرات الجسمية والنفسية

والفسيولوجية، التي تطرأ علىٰ المراهق، فهو لم يعد طفلاً صغيراً، بل أصبح في طريقه إلىٰ عالم الرجولة وبالرغم من ذلك فطرق معاملة الوالدين له لا تتناسب مع هذا النمو والنضج الذي طرأ عليه، وقد يعتبر التدخل في شئونه إهانة موجهة له فيواجه هذه الأساليب ببعض المظاهر التي من أهمها العناد والهرب.

2-الصراع الناشئ من الدوافع الجامحة التي تتركز حول الدافع الجنسي من جانب وقيم المجتمع وقواعده السلوكية ومعاييره واتجاهاته من ناحية أخرىٰ، مما يكون له أثره السيئ علىٰ توافقه النفسي والاجتماعي والانفعالي وقد يقوده هذا إلىٰ الاستغراق في أحلام اليقظة والبعد عن الواقع وقيوده الصارمة.

٣- سوء تقدير الآباء للأبناء وعدم إعطاء النمو الجسمي والفسيولوجي والعقلي والاجتماعي الوزن المقدر له، وتوجيه النقد اللاذع للمراهق في بعض المواقف الحياتية مما يسبب له الشعور بالنقص والعجز وعدم الثقة بالنفس؛ مما يؤثر علىٰ توافقه واستقراره النفسي

4-التمرد علىٰ أشكال السلطة في المدرسة والمنزل وتحطيم القيود التي تحول دون مستوىٰ لائق من الاستقلال والاعتماد علىٰ النفس.

ثالثًا: الصراعات النفسية التي يمر بها المراهق

تتعدد الصراعات النفسية وتختلف باختلاف المواقف ويمكن سردها في النحو التالي:

1- الصراع بين الحاجة إلى تهذيب الذات والحاجة إلى التحرر:

وينشا الصراع في هذه الحالة نتيجة لحاجه المراهق إلى التقبل الاجتماعي واحترام الآخرين وثقتهم من ناحية وإلى الشعور بالاستقلال من ناحية أخرى فيؤدي هذا التعارض إلى اختلال التوازن الانفعالي للمراهق.

2- الصراع بين الحاجة إلى الاستقلال والحاجة إلى الاعتماد على الأبوين والأسرة:

ويرجع الصراع إلى حاجة المراهق إلى الاستقلال والاعتماد على النفس من جانب والحاجة إلى الأمان والسند المادي والعاطفي من جانب آخر، وهذا التعارض بين الحاجة إلى الاستقلال والتحرر

والحاجة إلىٰ مساندة الوالدين إلىٰ اضطراب التوازن النفسي للمراهق مما يضطره في بعض الأحيان إلىٰ الانضمام لجماعة الأقران حتىٰ يمكنه أن يحقق الاستقلال والتحرر المنشود.

3- الصراع بين الحاجة إلىٰ الإشباع الجنسي وبين التقاليد الدينية والاجتماعية:

وترجع حدة هذا الصراع إلىٰ الرغبة في إشباع دوافع المراهق الجنسية من ناحية والقيم الدينية والعادات والتقاليد والقواعد السلوكية والاجتماعية المرغوبة التي تحول دون تحقيق هذا الإشباع من ناحية أخرىٰ، مما يؤدي إلىٰ الصراع الناشئ بين الحاجة الجنسية وبين القيم الأخلاقية والدينية والاجتماعية.

4- صراع القيم:

وينشأ هذا الصراع بين ما تعلمه المراهق في الطفولة وتم عن طريق اكتساب الخبرات والقيم والمبادئ وبين ما يمارسه الكبار في المجتمع ويناقض المبادئ والقيم أثناء عملية التنشئة الاجتماعية، ويؤدي هذا الخلط بين الصواب والخطأ إلىٰ الحيرة والشك والانتماء إلىٰ جماعات خاصة ذات مبادئ وقيم وأفكار وفلسفات جديدة يحاول من خلالها أن يؤكد ذاته أو يحقق توافقه من خلال هذه الجماعة، وقد يلجأ بعض المراهقين إلىٰ مناقشة التناقضات وإلىٰ التعبير عما يعانيه من تناقضات للتخفيف من حدة هذه الصراعات مما يؤدي إلىٰ تحقيق التوازن النفسي.

5- صراع المستقبل:

ويرجع هذا الصراع بين الحاجة إلىٰ تحديد المستقبل والتخطيط له واختيار العمل أو المهنة والأعداد لتحقيق ذلك، وغالبًا ما يرجع اختيار المراهقين علىٰ أساس رغبة الوالدين أو تقليد الزملاء أو علىٰ أساس العائد المادي لبعض الوظائف التي تعد لها بعض الكليات مما يؤدي إلىٰ الحيرة والاختيار بدون أساس علمي سليم.

الفصل الثالث
التعامل مع مشكلات المراهقة

أولا: أسباب بعض التغيرات السلوكية للمراهقين

ثانيا: الأساليب الفعالة لبناء الثقة والتفاهم مع أسرهم

ثالثا: أهمية وضع حدود والقواعد بشكل متوازن مع المراهقين

رابعا: أمثله عينية لتحقيق التعامل فيها مع المراهقين

أولاً: تحليل أسباب بعض السلوكيات النموذجية للمراهقين:

هنا نسلط الضوء على العوامل الداخلية والخارجية التي تؤثر على

سلوكهم وتوضيحها في النقاط الآتية:

1. **التغيرات الهرمونية**: يمكن أن تؤثر التغيرات الهرمونية التي

يمر بها المراهقون على سلوكهم، مثل التقلبات المزاجية والتهور في

اتخاذ القرارات.

2. **الضغوط الاجتماعية**: يتأثر المراهقون بالضغوط الاجتماعية

من الأقران ووسائل الإعلام والمجتمع بشكل عام، مما قد يدفعهم إلى

اتخاذ سلوكيات معينة للتكيف مع هذه الضغوط.

3. **التغيرات العائلية**: يمكن أن تؤثر التغيرات في الأسرة مثل الطلاق أو الانتقال إلىٰ مكان جديد علىٰ سلوك المراهقين، مما قد يؤدي إلىٰ ظهور سلوكيات تمردية أو انعزالية.

4. **البيئة المدرسية**: يمكن أن تؤثر التجارب في المدرسة مثل الضغوط الأكاديمية والاجتماعية والرياضية علىٰ سلوك المراهقين، مما قد يؤدي إلىٰ ظهور سلوكيات مختلفة.

5. **العوامل الوراثية والبيولوجية**: يمكن أن تكون هناك عوامل وراثية أو بيولوجية تؤثر علىٰ سلوك المراهقين، مثل الانفعالات الموروثة أو الاضطرابات العقلية.

6. **نقص المهارات التكيفية**: يمكن أن يواجه بعض المراهقين صعوبة في تطوير مهارات التكيف وحل المشكلات، مما قد يؤدي إلىٰ

استخدام سلوكيات سلبية كوسيلة للتعبير عن الاحتياجات أو التعامل

مع التحديات.

كيفية التعامل مع تلك السلوكيات بشكل فعّال وبناء عليك ما يلي:

- الاستماع الفعّال: بمعني استعراض أساليب الاستماع الفعّال مثل الاستماع بدون انقطاع وتجنب التقييم المباشر أو الانتقادات، بل التركيز على فهم وتأييد مشاعر المراهق وتقديم الدعم.

- استخدام اللغة الإيجابية: يمكن توضيح أهمية استخدام اللغة الإيجابية في التواصل مع المراهقين، بما في ذلك تقديم المشجعات والتحفيز والتأكيد على نقاط القوة والإيجابيات.

- تحفيز التفاعل البناء: تحفيز المراهقين على المشاركة في المحادثات والتفاعل بشكل بناء، مثل تقديم الأسئلة المفتوحة والمشاركة في الأنشطة المشتركة.

- تقديم الدعم العاطفي والتشجيع: مدي أهمية تقديم الدعم العاطفي والتشجيع للمراهقين خلال فترة المراهقة، مع توجيهات حول كيفية التعبير عن الحب والدعم بشكل فعّال.

<u>**ثانيا: الأساليب الفعالة لبناء الثقة والتفاهم مع المراهقين**</u>

لبناء الثقة وتعزيز العلاقة بين الوالدين والمراهقين اتباع الاتي

1. الاستماع الفعّال:

تحفيز الوالدين علىٰ الاستماع بشكل فعّال لمشاعر وأفكار المراهقين دون انقطاع أو تقييم، مما يعزز الثقة ويؤكد علىٰ أهمية مشاركة الآراء.

2. التواصل الصادق والمفتوح:

تشجيع الحوار الصادق والمفتوح بين الوالدين والمراهقين دون مخاوف من الانتقاد أو العقاب، مما يعزز التفاهم ويقوي العلاقة.

3. تقديم الدعم والتشجيع:

تشجيع الوالدين على تقديم الدعم العاطفي والتشجيع للمراهقين في كل جوانب حياتهم، مما يبني الثقة ويعزز الشعور بالأمان.

4. تحديد وتعزيز نقاط القوة:

التركيز على اكتشاف وتعزيز نقاط القوة والمهارات الفردية للمراهق، مما يساعده على بناء الثقة بالنفس وتحقيق النجاح.

5. الاحترام والاعتراف بالمسؤوليات:

تشجيع الوالدين على معاملة المراهقين بالاحترام والاعتراف بمسؤولياتهم المتزايدة كأفراد ناضجين، مما يعزز الثقة والتفاهم.

6. التواجد والمشاركة الفعّالة:

تشجيع الوالدين علىٰ التواجد والمشاركة الفعّالة في حياة المراهقين، سواء في الأنشطة اليومية أو النقاشات المهمة، مما يعزز الثقة ويسهم في بناء العلاقة. باستخدام هذه الأساليب الفعّالة، يمكن للوالدين بناء علاقة قوية ومتينة مع المراهقين تستند إلىٰ الثقة والتفاهم المتبادل، مما يساعد علىٰ تحقيق تطورهم الشخصي والاجتماعي بشكل إيجابي.

<u>ثالثا: أهمية وضع حدود وقواعد مع المراهقين بشكل متوازن</u>

على الوالدين توضيح للمراهقين بأهمية الحدود لأنها تساعدهم

بشكل يومي علي:

1. التعامل مع الضغط النفسي:

- تشجيع المراهقين على التحدث عن مشاعرهم ومخاوفهم والبحث عن الدعم اللازم من الأصدقاء أو المشرفين.

- توجيههم إلى استخدام تقنيات التخفيف من الضغط مثل ممارسة التمارين الرياضية، وتنظيم الوقت، والتنفس العميق.

- تشجيعهم على تطوير مهارات الإدارة الذاتية مثل تحديد الأولويات وتطبيق تقنيات الاسترخاء.

2. التعامل مع قضايا الصداقات:

- توجيه المراهقين حول كيفية اختيار الأصدقاء بحكمة وفهم أهمية العلاقات الصحية والداعمة.

- تقديم نصائح حول كيفية التعامل مع الصداقات السلبية أو المشكلات التي قد تنشأ في العلاقات الصداقية.

- تشجيعهم على بناء شبكة دعم اجتماعية قوية تساعدهم في التعامل مع التحديات اليومية.

3. التعامل مع ضغوط الدراسة:

- تقديم الدعم العاطفي والتشجيع للمراهقين في الدراسة وتحقيق أهدافهم الأكاديمية.

- تحديد أهمية تنظيم الوقت وتطوير مهارات الدراسة والتنظيم الشخصي.

- تشجيعهم على طلب المساعدة عند الحاجة، سواءً من الوالدين أو المعلمين أو المرشدين الأكاديميين.

4. التشجيع على العناية بالصحة النفسية:

- تعزيز الوعي بأهمية العناية بالصحة النفسية وتشجيع المراهقين على طلب المساعدة عند الحاجة.

- تقديم الموارد والأدوات التي يمكن للمراهقين استخدامها لدعم صحتهم النفسية، مثل تطبيقات الاسترخاء والتأمل أو البحث عن موارد مجتمعية.

باستخدام هذه التوجيهات، يمكن للوالدين تقديم الدعم اللازم للمراهقين في التعامل مع قضاياهم المعقدة بشكل فعّال وبناء.

<u>**رابعا: نصائح حول دعم المراهقين في تطوير مهارات الحياة**</u>

والتكيف مع التحديات

1. تعزيز الثقة بالنفس والإيجابية الذاتية:

- تشجيع المراهقين على التفكير الإيجابي والتركيز على نقاط

قوتهم وإيجابياتهم.

- توجيههم إلى تحديد أهداف قصيرة وطويلة المدى والعمل

على تحقيقها خطوة بخطوة.

2. تنمية مهارات التواصل وحل النزاعات:

- تقديم نصائح حول كيفية التعبير عن المشاعر بشكل صحيح

وفعّال دون إثارة النزاعات.

– توجيههم إلى استخدام أساليب فعّالة لحل النزاعات مثل الاستماع الفعّال والتعبير عن الاحتياجات بوضوح.

3. تطوير مهارات التخطيط والتنظيم:

– كيفية تنظيم الوقت وإدارة المهام والمسؤوليات بشكل فعّال.

– تشجيعهم على استخدام الجداول الزمنية وتحديد الأولويات لتحقيق الأهداف بطريقة منظمة.

4. تعزيز مهارات حل المشكلات:

- توجيههم إلىٰ استخدام أساليب مختلفة لحل المشكلات مثل تقسيم المشكلة إلىٰ أجزاء أصغر والبحث عن حلول بديلة.

- تشجيعهم علىٰ التفكير الإبداعي واستخدام المهارات العقلية لإيجاد حلول للتحديات التي يوجهونها.

5. تعزيز مهارات التحكم بالمشاعر:

- توجيههم إلىٰ تعلم تقنيات الاسترخاء والتأمل للتحكم في المشاعر السلبية مثل القلق والضغط النفسي.

- تشجيعهم علىٰ ممارسة الرياضة والنشاطات البدنية كوسيلة لتحسين مزاجهم والتحكم في التوتر.

باستخدام هذه النصائح، يمكن للوالدين دعم المراهقين في تطوير مهارات الحياة الأساسية وتكييفهم مع التحديات بشكل فعّال، مما يمكنهم من التعامل بثقة مع مختلف جوانب حياتهم.

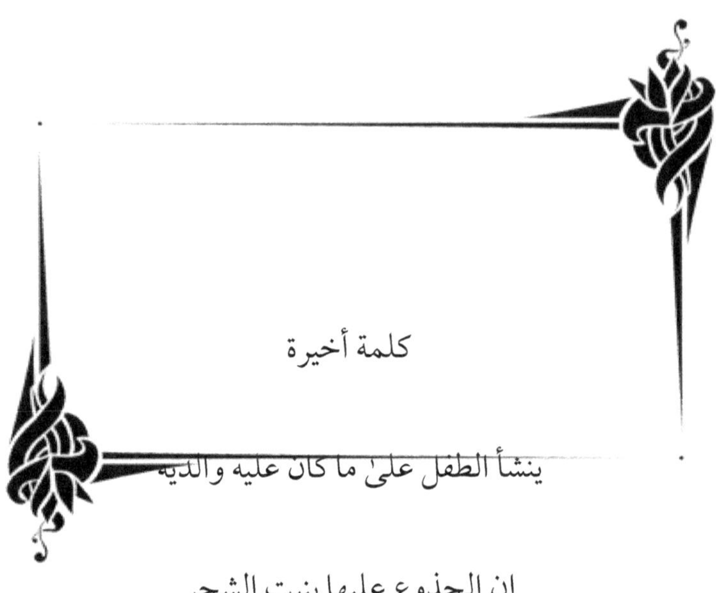

كلمة أخيرة

ينشأ الطفل على ما كان عليه والديه

إن الجذوع عليها ينبت الشجر

د. هايدي إيهاب

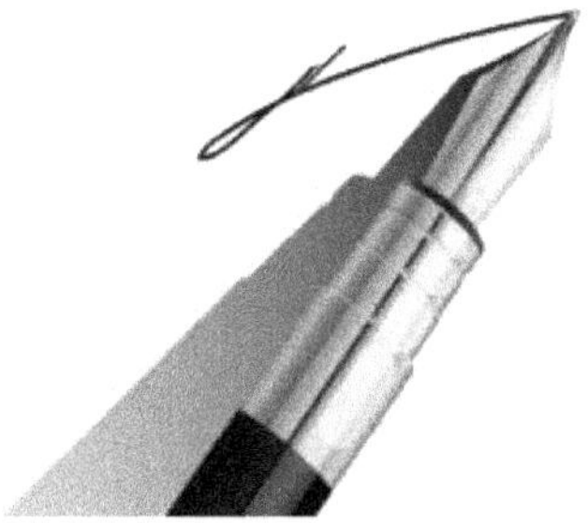

الخاتمة

التعامل مع المراهقين فن نحتاج أن نتعلمه، وأن نجاهد في تعلمه، ولابد لنا أن نضع نصب أعيننا أن المراهقين لن يبقوا هكذا إلى الأبد، ولكن في طريقهم من الطفولة إلى الرشد لابد من وقوعهم في بعض الأخطاء، ولابد من بعض الحماقات والضعفات.

أولادنا وبناتنا في مرحله المراهقة يحتاجون إلى الحب أشد الاحتياج، فان وجودُوهُ عندنا ما بحثوا عنه لدئ الآخرين.

يحتاج المراهقون أيضًا لمن يسمعهم ويفهمهم، ومن يشفق عليهم ويأخذ بيدهم إلى اكتمال النضج، ويحتاجون إلى من يجدوا فيه الصديق والقدوة، ومن يلجئون إليه في الشده ويتمثلون بفضائله.

وليس لي في النهاية سوى أن أذكر وأحذر:

- أذكر بخطورة مرحلة المراهقة، ففيها من ينشأ صالحاً أو مجرماً.

- أحذر من إهمال مشاعر المراهقين.

أخيراً... (ستعرف أنك قرأت كتاباً جيداً عندما تقلب الصفحة الأخيرة، وستشعر كأنك فقدت صديقاً)

الكتاب: مراهقة آمنة

للكاتبة: د/ هايدي إيهاب إدوارد

- استشاري الصحة النفسية وعلاج الإدمان.

- مدرب معتمد من جامعه عين شمس.

- مدرب دولي معتمد.

- مستشار المفوض السامي لشئون التعليم بمصر.

- المنظمة الدولية لحقوق الإنسان.

- جامعه بنسلفانيا – USA

- دكتوراه في الصحة النفسية وعلاج الإدمان من جامعة بنسلفانيا الأمريكية معتمدة من جامعة عين شمس.

- مدرب معتمد من جامعة عين شمس.

- مدرب دولي معتمد بالبورد الأمريكي.

- دكتور بكلية العلوم التربوية بالجامعة الأمريكية للتعليم المستمر.

- مستشار المفوض السامي لشؤون التعليم في مصر للمنظمة الدولية لحقوق الإنسان.

- رئيس مكتب البورد الكندي في الشرق الأوسط.

المحتويات